붓과 칼의 노래

# 붓과 칼의 노래

초판 1쇄 인쇄 2013년 09월 02일
초판 1쇄 발행 2013년 09월 09일

지은이      김 진 수
펴낸이      손 형 국
펴낸곳      (주)북랩
출판등록    2004. 12. 1(제2012-000051호)
주소        서울시 금천구 가산디지털 1로 168,
            우림라이온스밸리 B동 B113, 114호
홈페이지    www.book.co.kr
전화번호    (02)2026-5777
팩스        (02)2026-5747

ISBN      979-11-5585-003-9  03910

이 도서의 국립중앙도서관 출판시도서목록(CIP)은 서지정보유통지원시스템 홈페이지(http://seoji.nl.go.kr)와
국가자료공동목록시스템(http://www.nl.go.kr/kolisnet)에서 이용하실 수 있습니다.
( CIP제어번호 : 2013015545 )

# '붓'과 '칼'의 노래

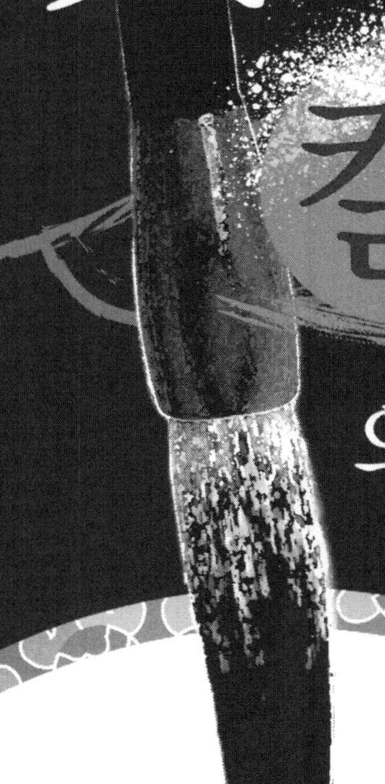

김진수 지음

book Lab

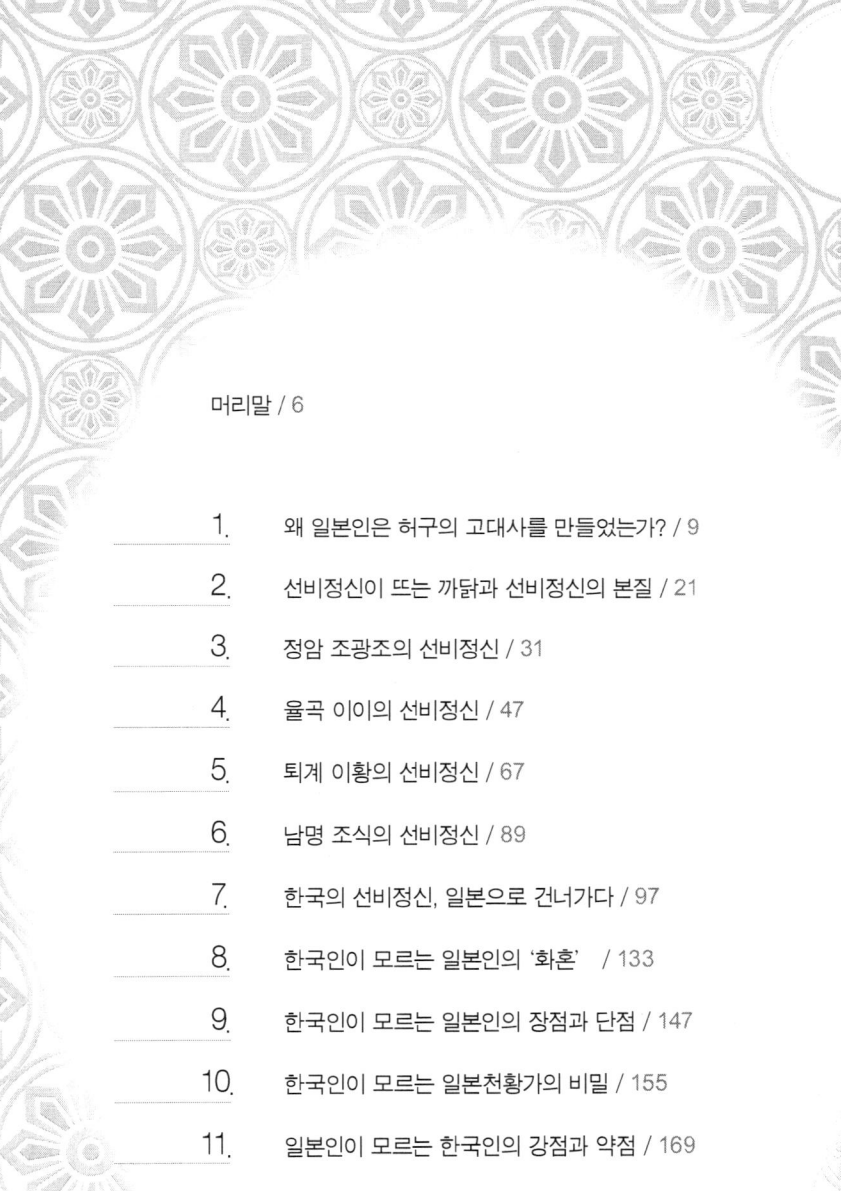

## 목차

## 머리말

일본에서 6백만 부 이상이 팔렸고 한국에서도 3백만 부 이상이 팔려 베스트 셀러가 되었던 『로마인 이야기』의 저자 시오노 나나미는 '한국어판에 부치는 저자의 말'에 이렇게 적었습니다.

"--- 무릇 이웃나라끼리는 사이가 나쁜 법입니다. 하지만 한국과 일본 사이는 불행한 과거를 갖고 있기 때문에 관계 개선이 더욱 어려워지고, 좋은 관계를 구축해야 한다고 생각하는 사람은 머리를 싸 쥐고 골치를 앓을 수밖에 없는 것이 현재 실정입니다. ---"

세계사를 살펴보면 시오노 나나미 작가의 말처럼 이웃나라끼리는 사이 좋은 나라가 별로 없습니다. 서로 역사적으로 앙금을 쌓아 놓아 오늘날 까지도 앙숙으로 남아 있는 경우가 국경을 맞대놓고 있는 유럽과 아시아 국가에 많습니다.

우리나라와 일본, 우리나라와 중국의 경우도 예외는 아닙니다.

한일 관계에 놓여 있는 갈등은 주로 고대사를 비롯한 역사해석의 문제, 일제의 침략전쟁에 대한 진정한 사죄의 문제, 미래의 주인공을 가르치는 교과서의 사실 표기문제 등으로 집약되어 있습니다.

두 나라의 이러한 갈등을 제 3국의 입장에서 본다면 마치 이웃 사람들이 서로의 단점과 허물을 들추어내고 왈가왈부하는 모습으로 보일 수 있을 것입니다.

하지만 대한민국과 일본은 미래지향적인 입장에서 진실을 밝히고 올바른 역사를 미래의 주인공들에게 가르쳐야 할 책임과 의무가 있다고 생각합니다.

특히 일본 고교 교과서에는 일본의 고대국가인 야마토(大和)가 한반도를 지배했었다는 '임나일본부설'을 표기하고 있기 때문입니다.

'임나일본부설'은 일본 식민사관의 중심축입니다.

지금까지 일본은 한반도 침략을 정당화 하는 역사적 근거로 이를 활용해왔습니다. 한반도는 본래 일본의 속국이었다는 주장을 계속하여 온 것입니다.

대한민국의 학계에서는 '임나'의 존재 자체를 처음부터 부정해 왔습니다.

제 2기 한-일 역사공동연구위원회 (2007년 6월 출범하여 2010년 3월 최종 보고서 발표)는 보고서에서 한반도 남부 가야지역을 일본인이 지배했었다는 '임나일본부설'이 더 이상 실효가 없음을 공식화 했습니다.

물론 위원회의 역사해석이 강제권을 갖는 것은 아닙니다. 하지만 일본의 양심적인 학자들은 일본의 '가야지배설'을 더 이상 주장하지 않습니다.

그렇지만 일본의 역사교육이 바로 잡혀지지 않고 있습니다. 아직도 일본의 고교 교과서에서는 '임나일본부설'을 마치 정설처럼 표기하여 가르치고 있는 것이 현실입니다.

뿐만 아니라 일본정부는 엄연한 대한민국의 영토인 독도를 자기나라 영토라고 주장하고 있습니다. 문부성에서 감수하는 초등학교 사회 교과서와 중고등학교 교과서에도 독도는 일본영토라고 표기하여 미래 주인공들에게 세뇌 작업을 시도하고 있습니다.

일본은 그런 나라입니다.
일본을 이해하고 대처하기 위해서는 그들의 역사의식과 현실인식을 깊이 살펴볼 필요가 있습니다.
뿐만 아니라 그들의 종교관, 생활의식, 정신세계까지도 들여다볼 줄 알아야 한다고 생각합니다.
이 책이 독자들에게 일본, 일본인을 이해하는데 조그마한 도움이 되고, 무엇보다 한-일 양국이 지구촌 동반자로서 상생의 발전을 이룩하는데 일조할 수 있게 되기를 기원합니다.

참고로 표지의 책명 『붓과 칼의 노래』에서 붓은 한국인을 상징하고 칼은 일본인을 상징합니다.

김 진 수 올림

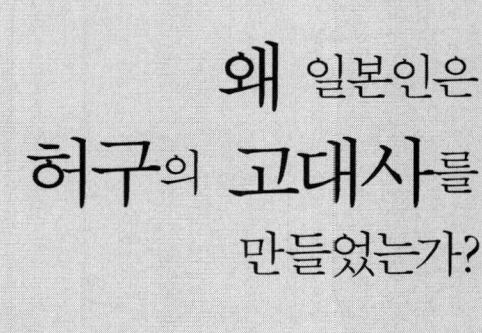

# 왜 일본인은
# 허구의 고대사를
## 만들었는가?

●●● 친구는 선택할 수 있어도 이웃은 고를수 없는 법이다. 나라에도 친구가 있고 이웃이 있다. 한국과 일본은 이웃나라이다.

한국인에게 그 동안 일본이라는 나라는 '가깝고도 먼 나라', '가깝고도 불편한 관계'의 나라였다. 왜냐하면 한국정부는 국가의 정체성을 찾는 과정에서 남의 나라를 침략하고 식민통치를 한 일본정부의 진정한 사죄와 반성을 기대하였으나 일본정부의 공식적인 태도는 '과거는 과거이고 현재는 현재이다'에서 조금도 벗어나지 못했기 때문이다.

뿐만 아니라 한국과 일본 사이에는 상호갈등을 조장하는 현안이 남아있다. 하나는 역사해석의 문제이고 또 하나는 독도문제이다. 두 가지 문제는 한국입장에서 볼 때 일본이 너무 억지를 부리고 있는 문제라고 하지 않을 수 없다. 고대사회에서 일본이 한반도를 지배했다고 주장하는 것은 일본의 양심적인 역사학자들도 부정하고 있는 비사료적이고 일방적인 주장일 뿐이다. 또 엄연히 한국의 영토인 독도를 자기 땅이라고 주장하는 것도 전혀 근거가 없는 억지논리를 만들어 일본국내의 극우파들에게 환심을 사고 나아가서는 엉뚱하게도 미래에 어떤 계기를 만들어서 영토문제를 제기하려는 술책으로 보일 뿐이다.

그러나 2002년 한일월드컵 공동개최를 기점으로 한국과 일본은 '가깝고도 가까운 나라', 그리고 '가깝고도 편안한 관계'의 나라로 변해가고 있는 것도 사실이다. 이 와중에 일본의 문화가 한국으로 많이 들어왔고 한국의 문화가 일본으로 꾀 건너갔다. 특히 '한류'로 불리는 한국의 드라마, 영화, 음악, 한식, 한글 등에 대한 일본인의 호감은 날이 갈수록 확대되고 있다. 한글 배우기에는 일본의 아줌마들이 앞장섰다. 한국의 드라마, 영화를 자막 없이 보고 한국노래를 부르기 위하여 일본의 아줌마들이 시작한 한글공부

열풍은 지금 일본의 10대 20대의 젊은 층들에게 파급되어 한국어학원 등록을 다투게 하는 현상으로 발전했다.

한 나라의 국민이 외국을 이해할 때 그 나라의 종합적인 면을 고찰하여 이해하려고 하는 것은 당연한 논리이다.

예를 들어 한국인이 미국을 이해할 때 미국의 정치, 경제, 군사, 기술 상황만 이해하는 것이 아니라, 미국의 역사, 사회, 문화, 예술 부문에 이르기까지 종합적으로 이해하려고 생각하는 것이다. 이러한 이해의 노력은 한국인의 주류세력이나 비주류세력이나 모두 마찬가지로 공유하고 있다.

그러나 일본에 관하여는 다르다.

한국인의 일본에 관한 이해의 노력은 두 가지로 나누어져 있다. 한국인의 주류세력은 일본의 정치, 사회, 군사, 역사 문제에 관심이 많이 쏠려 있고, 한국인의 비주류세력은 일본의 경제, 문화, 기술, 예술 문제 등에 관심이 많다. 이렇게 유독 일본에 대해서는 서로 대립되는 일본관을 한국인들 사이에 형성하고 있는 것이다.

다른 국가들에게 가지고 있는 보편적인 외국 관을 갖지 못하고, 일본에 대해서만은 일본을 관찰하는 시각이 쪼개져 있는 것이다. 일본의 정치, 사회, 군사, 역사 문제에 관심을 보이는 한국인은 당연히 비우호적인 시선으로 일본을 보게 되고, 일본의 경제, 문화, 기술, 예술 문제에 관심을 보이는 한국인은 당연히 일본에 우호적인 시선을 보내고 있다.

이렇게 한국인의 대 일본관은 '비우호적'인 시선과 '우호적'인 시선으로 나누어진다. 비우호적인 시선이 형성된 동기는 역사적인 사실에 기인하고 있다. 그 중에서도 조선시대에 있었던 임진왜란, 정유재란의 침략행위와 대한 제국시절에 있었던 일제강점기 36년 간의 찬탈행위 때문이라 할 수 있을 것이다.

반면에 한국인의 우호적인 대 일본관은 1948년 8월 대한민국 근대정부 수립 이후 자유민주주의 시장경제 체제를 하면서 한국인이 보고 겪은 이웃나라 일본의 눈부신 경제성장, 기술발전, 문화부흥 때문이라 할 수 있을 것이다.

한편 한국인의 대 일본관이 나누어져 있듯이 일본인의 대 한국관도 비슷하게 두 쪽으로 나누어져 있다. 일본인의 주류세력은 한국의 정치, 사회, 경제, 기술, 군사문제에 관심이 많으면서 한국인을 경시하는 시선으로 보고 있고, 일본인의 비주류세력은 한국의 역사, 전통, 학문, 문화, 예술문제 등에 관심을 많이 가지고 한국인을 동경하고 존중하는 태도를 보이고 있다.

역사적으로 고찰해 보면 일본인은 한국인을 일본열도에 선진문화를 제공해 주는 문화인으로 '동방예의지국'의 교양인으로 인식해 왔다. 일본이 국가의 틀을 갖춘 시기는 3세기 말 경에 한반도에서 몰락한 지배층들이 대거 이주민으로 건너간 이후로 보고 있다. 그 이전의 일본은 국가의 형태가 아닌 씨족이나 부족사회규모였다. 일본은 그들의 고대국가인 '야마타이' 국이 어디에 존재했었는지 그 소재지를 확실히 모른다. 일본역사학계에서는 '야마타이' 국의 소재지 논쟁이 '규수 설'과 '기나이 설'로 크게 두 견해로 나뉘어져 있어 오늘날까지 해결점을 찾지 못하고 있다.

3세기의 야마타이 국의 위치문제는 4세기 이후의 야마토 정권의 발전과정을 설명하는데 많은 영향을 미치는 요소라는 점 때문에 일본역사학계에서는 지금까지 치열한 논쟁만 전개하고 있을 뿐 아무 결론을 내리지 못하고 있다. 이것은 일본의 고대역사관이 그 허구적 부실 때문에 오늘날 까지도 확립되지 못하고 있음을 단적으로 증명하고 있는 것이다.

일본은 5세기 초에 백제의 아직기, 왕인 등으로부터 한자문명을 받아들였고 가야로부터는 철기문명을 전수받았다. 특히 16세기 후반에 일본은 조선에서 들어 온 '조선실천성리학'의 영향으로 조선의 유학자를 숭배하였고, 17세기까지 일본의 지도자 및 지식인은 조선을 선진된 문화국가, 예의국가로 인식하고 있었다.

그러나 조선에 대한 일본인의 일반화된 이해는 17세기 말엽부터 18세기 전반에 걸쳐 일본인 안에서 서로 모순되는 이해가 표출되기 시작함으로써 급격하게 반전되었던 것이다.

17세기 말엽 일본에서는 조선을 선진국으로 존경해 오던 기존의 이해를 뛰어 넘는 새로운 주장이 대두됐다. 일본이 우수하다는 일방적이고 자구적인 사상이 움트기 시작한 것이다.

무사가문 출신의 양명학자 구마자와 반산(熊澤蕃山 1619-1692)은 일본이 동아시아에서 중국다음으로 우수하다고 주장했다.

그가 내 세운 논리는 간단하다. 일본의 시조신 아마테라스 오미카미(天照大神)와 초대 진무천황(神武天皇)을 가장 위대한 인물로 묘사하면서 일본인의 자존심과 자부심을 높이는 방법을 시조 신에서 찾았다. 또 무사가문 출신의 군사학자인 야마가 소코(山鹿素行 1622-1685)는 한걸음 더 나아가 중국, 조선보다 일본이 우수한 나라라고 주장 했다. 그가 내 세운 논리는 간단하다. 중국과 조선은 정권이 몇 번이나 바뀌었지만, 일본천황의 혈통은 한 번도 끊어진 적이 없으므로 일본은 국가의 중심이 흔들리지 않은 가장 안정된 나라라고 주장했다. 2천 여 년 동안 일본천황의 혈통이 한번도 바뀌지 않았다고 주장하는 것은 과학적 공부를 한 현대인에게는 이해불가의 어불성설에 불과하다. 논리적으로나 객관적으로나 신빙성이 완전히 결여된 왜곡된 주장인 것이다. 그는 일본이야말로 진정한 아시아의 중심국가인 '중국(中國)'이라고도 불렀다. 일본을 '일본'이라 부르지 않고 '중국'이라고 부르고 싶은 심정은 이해가 가지만 너무 심한 날조인 것은 사실이다.

이러한 무사출신 학자들의 주장이 널리 퍼지면서 18세기 후반부터 19세기 중반까지는 일본에 조선을 멸시하는 풍조가 번지기 시작하였다. 이러한 분위기가 상승되어 조선 '정벌론'이 등장하기 시작했던 것이다. 뿐만 아니라, 18세기 후반부터는 일본의 '국학사상'이 형성되기 시작했다. 일본의 국학이란 도교, 유교, 불교 등 외래종교나 외래사상이 전래되기 이전에 있었던 일본의 고유사상과 신앙 등을 연구하는 학문을 말한다.

일본의 국학계에서 모토오리 노리나가(本居宣長 1730-1801)는 자의적인 주장을 하여 일본고대사를 허황되게 날조한 대표적 사람이다. 그는 의사였다. 취미로 일본역사를 공부 하면서 고사기(古事記: 712년 편찬)와 일본서기(日本書紀: 720년 편찬)[1] 등 일본의 고전을 연구 하였던 사람이다.

일본의 고전에는 한국과 중국의 역사서에 기록이 없는 일방적이고 의도적인 기술이 많다.

모토오리 노리나가는 황당하게도 이들 고전에 쓰여져 있는 허구의 신화적, 설

---

1) 일본서기: 백제의 유민 태안만려(太安萬呂)에 의해 쓰여져 신라에 대한 비하적 기록이 많고, 일본이 서기 전 660년에 건국되어 1대 천황부터 만세일계로 내려오고 있으며, 3세기에는 일본의 진구(神功)황후라는 걸출한 여걸이 나타나 신라, 백제, 가야를 정벌하였다는 소위 '임나일본부' 설을 기록한 고서.

화적 기재 내용을 모두 역사적 사실로 인정해야 한다고 주장한 사람이다.

그의 저서에는 일본의 한반도 지배 설이 마치 사실인 것처럼 등장 한다. 예를 들면 다음과 같은 허구적 기록을 하고 있다.

- 3세기 말 일본의 진구(神功)황후는 삼한(백제, 신라, 가야)을 토벌했고 삼한은 일본의 조공국이 되었다.
- 3세기 말 진구황후의 삼한 침략은 신의 뜻이다. 그리고 1592년에 발생한 토요토미 히데요시의 조선 침략도 신의 뜻이다.
- 4세기 오진(應信)천황 때 왜의 사람인 목만치(木滿致)가 임나의 전권을 행사하고 있었고 4세기부터 6세기 중엽까지 야마토(大和)정권은 가야에 '임나일본부'를 두어 직접 한반도를 지배했다.

모토오리 노리나가는 역사적 근거 없는 설화적 허구라 할지라도 일본인의 자긍심을 고취할 수 있는 것이라면 크게 부각시켜야 한다고 굳게 믿은 사람이다. 그는 주저 없이, 진구황후의 삼한 토벌을 역사적 사실로 해석하는데 앞장섰다. 그는 의도적으로 왜곡되고 조작된 저술을 만들어서 일본인에게 매우 취약했던 자긍심을 고의적으로 일으켜 세운 인물이다.

일본이 작은 규모라도 국가의 모습을 제대로 갖춘 것은 3세기 말경이다.

이 때 한반도에서 몰락한 신라, 고구려, 가야, 백제 지배층이 대거 일본에 건너가 국가의 형태를 갖추지 못한 원주민들의 지배층이 되었다. 그 앞의 1천여 년 동안의 천황인물 기록(1906년 간행의 '대일본사')은 가공인물이라는 것이 동아시아 역사학계의 정설이다. 20세기 말에 발굴된 이즈모(出雲) 왕조의 유물에서 한국계의 동탁(銅鐸)이 새로 발견되어 이즈모 왕조의 창립자는 신라에서 건너갔다는 증거가 고고학적으로 확인되기도 했다. 하지만 모토오리 노리나가의 왜곡된 저술은 일본 역사학계에 한반도를 일본의 속국이라고 볼 수 있는 허구의 국학사관을 부각시키는 시각의 밑거름이 되었다. 이러한 국학사관을 배운 일본인의 뇌리에는 한반도가 일본의 속국이었다는 사실무근의 픽션이 자리잡고 있는 것이다.

무사계급 출신인 히라타 아쓰타네(平田篤胤 1766-1843)는 상인계급 출신인 모토오리 노리나가의 일방적인 논리를 더욱 발전시켜 일본은 '신국'(神國)이라는 사상을 체계화 시킨 사람이다. '신국'이라는 말은 신라황실과 신라인이 자기나라를 일컬을 때 사용한 말이다. '신국'이라는 단어는 신라가 오랫동안 자기나라를 호칭할 때 써온 말인데 히라타 아쓰다네는 이 단어에 매료되었던 사람이다.

무사가문출신 인 사토 노부히로(佐藤信淵 1769-1850)는 히라타 아쓰타네의 사상을 흡수하여 '신국(神國) 일본의 세계제패' 라는 이야기를 구체적으로 엮은 사람이다. 그는 '일본이 세계에서 가장 먼저 생긴 나라'라고 주장하였다. 또한 일본은 세계만국의 근본이라고 말했다. 따라서 만국의 군장들을 일본 천황의 신복(臣僕)으로 만들어야 한다고 주장했다. 그는 세계를 제패하는 방법으로서 우선 약하고 점령하기 쉬운 나라부터 시작하여야 한다고 주장하여, 먼저 조선과 만주를 발판으로 삼아 몽고, 중국, 남방제도를 공략하라고 역설했다.

에도 막부 말기의 군사학자 요시다 쇼인(吉田松陰 1830-1859)은 조선침략을 강력히 주장한 사람이다. 그는 "일본의 조공국인 조선이 그 의무를 어기고 조공하지 않고 있으니, 그 죄를 책하고, 말을 듣지 않으면 공격해야 한다" 고까지 주장한 사람이다. 이렇게 일본학자들에 의한 '조선멸시론' 과 '대륙침략론' 은 역사적 사실로 보기에는 아무 근거 없는 일본의 이야기책인 '고서기' '일본서기' 등의 신화 및 설화를 실제의 역사적 사실로 채택하여 그것을 바탕으로 일본역사학으로 발전시켜 온데 기인한다.

여기에 일본국학의 특징이 있다. 다시 말해서 일본국학은 학계의 고증된 사실이 아니라, 일본인의 자긍심을 고취시키기 위하여 '의도적으로 작성된 기록'에 근거를 둔 것이라 할 수 있다. 그리고 이러한 일본국학은 그 역사적 사실근거의 유무와 관계없이, 세계 속에서 일본인의 정체성과 자긍심을 드높이는데 크게 성공한 것이 사실이다. 비록 허구적 역사성을 바탕으로 하는 허구적 자긍심이라 할지라도 일본인은 허구적 기록을 사실로 믿고 싶었던 것이다.

18세기 이후 오늘날까지 이어지고 있는 일본인 주류세력의 멸시적 대 한국관은 모토오리 노리나가의 허구적 역사관과 의도적 사상을 계승하였다고 볼 수 있다.

일본의 지배세력이 공유하고 있는 국학정신은 에도막부의 미토번(水戸藩)에서 발생한 미토학이 사상적 배경이 되어 한 층 더 힘을 얻는다. 미토학을 대성시킨 사람은 도쿠가와 미쓰쿠니(徳川光國 1628-1701) 이다. 그는 에도막부를 세운 도쿠가와 이에야스의 손자로서 지방의 '다이묘'(영주)로 봉해져서 미토번으로 내려간 '고산케'(御三家: 3대 가문) 집안의 한 사람으로 미토번의 2대 영주였다.

도쿠가와 미쓰쿠니는 호기심과 탐구심이 강한 인물이었는데 그의 학문적 업적 중 가장 뛰어난 것은 '대일본사' 편찬이다. 그는 사국(史局)인 쇼코칸(彰

考館)을 개설하고 1657년부터 '대일본사' 편찬에 착수했다.

'대일본사'는 전설적 인물인 1대 천황 진무(神武 BC 660-BC585 재위)로부터 100대 천황고코마츠(後小松 1382-1412 재위)까지 2천 여 년의 긴 세월 동안 천황들의 치세를 기록한 역사서이다. '대일본사'는 도쿠가와 미쓰쿠니에 의해 집필이 시작되어 그가 죽은 후에도 미토 영주 가문의 사업으로 계속 집필이 이루어져 1906년에 최종적으로 완성되었다. 모두 376권에 달한다. 약 250여 년에 걸쳐 집필된 것이다.

도쿠가와 미쓰쿠니가 '대일본사'를 편찬하게 된 배경은 그가 젊었을 때 읽은 중국의 역사서 '사기'가 큰 영향을 주었다고 한다. 중국에는 정통 역사서가 존재하는데 일본에는 정통 역사서가 없었기 때문에 독자적인 일본의 통사를 만들 필요가 있음을 느꼈다는 것이다.

한편 '에도 막부'(17세기 초 도꾸가와 이에야스가 세운 막부)의 대학두(大學頭)인 하야시 라잔(林羅山) 부자(父子)가 집필한 막부 주도의 역사서 '본조통감(本朝通鑑)'에서 '초대 천황 진무는 중국의 오(吳)나라 태백(泰伯)의 후예이다' 라는 기록을 발견하고 심히 분개하여 일본민족의 정체성을 밝히는 통사를 편찬해야겠다고 결심하였다는 것이다. 이렇게 볼 때, '대일본사'는 집필의도에서부터 강한 민족주의적 성향을 띨 수 밖에 없었고, 이웃나라의 역사와 관련성 없이 자국 안에서 자의적으로 만들어질 수 박에 없었다. 이러한 미토학은 '에도 막부' 말기에 일어난 새로운 천황중심 체제를 구축한 이념적 지주역할을 담당했다.

'대일본사'는 역대천황을 연대순으로 배열한 최초의 역사서로 성리학적 '존왕사상'을 관철하였으므로 막부말기에 일어난 '존왕양이(尊王攘夷)' 사상의 지주적 역할을 할 수 있었다. 특히 미토학 파는 '조선실천성리학'에 나와 있는 '대의명분'과 함께 '존왕사상'을 크게 발전시키는데 공헌했다. 그것은 임진왜란 중에 실어간 수많은 '조선실천성리학' 책들과 포로로 잡아간 조선의 성리학자들로부터 '조선실천성리학'을 전수받은 일본의 지식층 학자들의 영향이 매우 컸기 때문이다.

'에도 막부'의 마지막 쇼군(將軍)이었던 제15대 도쿠가와 요시노부(德川慶喜 1837-1913)도 미토학 파의 '존왕사상'의 영향을 강하게 받은 인물이다. 드디어 그는 천황에게 정권을 돌려주는 대정봉환(大政奉還)을 실천하였다. 이로써 일본은 서구제국과 같은 입헌전제국가로 체제를 정비하여 부국강병 정책을 앞 세운 근대국가를 수립하는 '메이지유신'이 성공하게 된다.

임진왜란 당시 조선에서 일본으로 건너간 '조선실천성리학'은 일본의 '에도 막부' 시대에 미토학으로 발전하는 밑거름 역할을 하였다. 뿐만 아니라 종국에는 무사정권인 막부를 타도하는 사상으로 성장한 것이다. 일본의 사무라이는 자신들이 세운 막부정권을 스스로 무너뜨리고 천황에게 충성을 바치는 형식을 취함으로써 무사정권을 종식시키고 근대국가로의 발 돋음을 시도하는데 성공하였던 것이다. 이는 조선의 '붓'(조선실천성리학의 선비사상)이 일본에 건너가서 사무라이의 피 묻은 '칼'(에도 막부 이전의 전기무사들을 상징)을 깨끗이 씻어내고 '인의예지'와 '효충경신'의 평화적인 국가건설을 하도록 하는 후기 사무라이의 무사도를 일으킨 결과라 할 수 있다. 이른바 '붓'과 '칼'의 악수가 처음으로 이루어진 것이다.

일본은 후기 무사도라는 사무라이 정신을 확립하여 '에도 막부'의 평화시대를 여는데 성공했다. 그러나 '에도 막부'를 쓰러트리고 근대국가로 출발하는 '메이지유신'이 성공궤도에 들어서자, 일본의 후기 무사도는 붓의 정신(선비사상)을 망각하고 봉건 토호 본래의 칼의 무사로 되돌아 가기 시작했다. 즉 무사도 정신 없이 오직 싸워서 땅을 빼기 위해 칼만 휘두르는 전기 사무라이 행태가 다시 살아났던 것이다. 붓과 칼의 악수는 260여 년 만에 칼의 변심으로 막을 내렸다.

1867년 메이지 유신(대정봉환)에 성공하여 에도 막부를 굴복시키는 데 가장 큰 역할을 한 것은 조슈번과 사쓰마번의 사무라이 들이다. 이 두 번의 사무라이 세력은 1600년에 도쿠가와 이에야스의 측의 동군과 싸운 도요토미 히데요시 측의 서군 세력이었다. 이들 두 번은 막부초기에는 도쿠가와 이에야스 측에 머리 숙여 들어가서 막부를 세우는데 협력하였으나, 막부 말기에는 도쿠가와 이에야스 가문에 반기를 들어 막부를 타도하는데 앞장 선 2대 세력이 되었던 것이다. 따라서, 원래 도요토미 히데요시의 지지기반이었던 이들이 앞장 서서 '메이지 유신'(대정봉환)에 성공하자, 도요토미 히데요시의 조선침략 행위도 찬양의 대상으로 바뀌어 가지 않을 수 없는 형국이 된 것이다.

이렇게 하여 일본사회는 역사적 관점에서도 '고사기' → '일본서기' → '대일본사'를 흐르는 황국사관의 관점에서 일본의 침략행위를 정당화시키는 사상이 지배하기 시작했다. 이러한 일본민족 중심의 황국사관은 '메이지 유신'이래로 줄곧 일본지배세력의 세계관으로 자리잡고 있어서, 일본이 조선, 중국을 비롯한 아시아 제국을 없인 여기는 대신 서구세력과 손을 맞잡고 국제적 지위를 향상시키는 촉매제가 되었던 것이다.

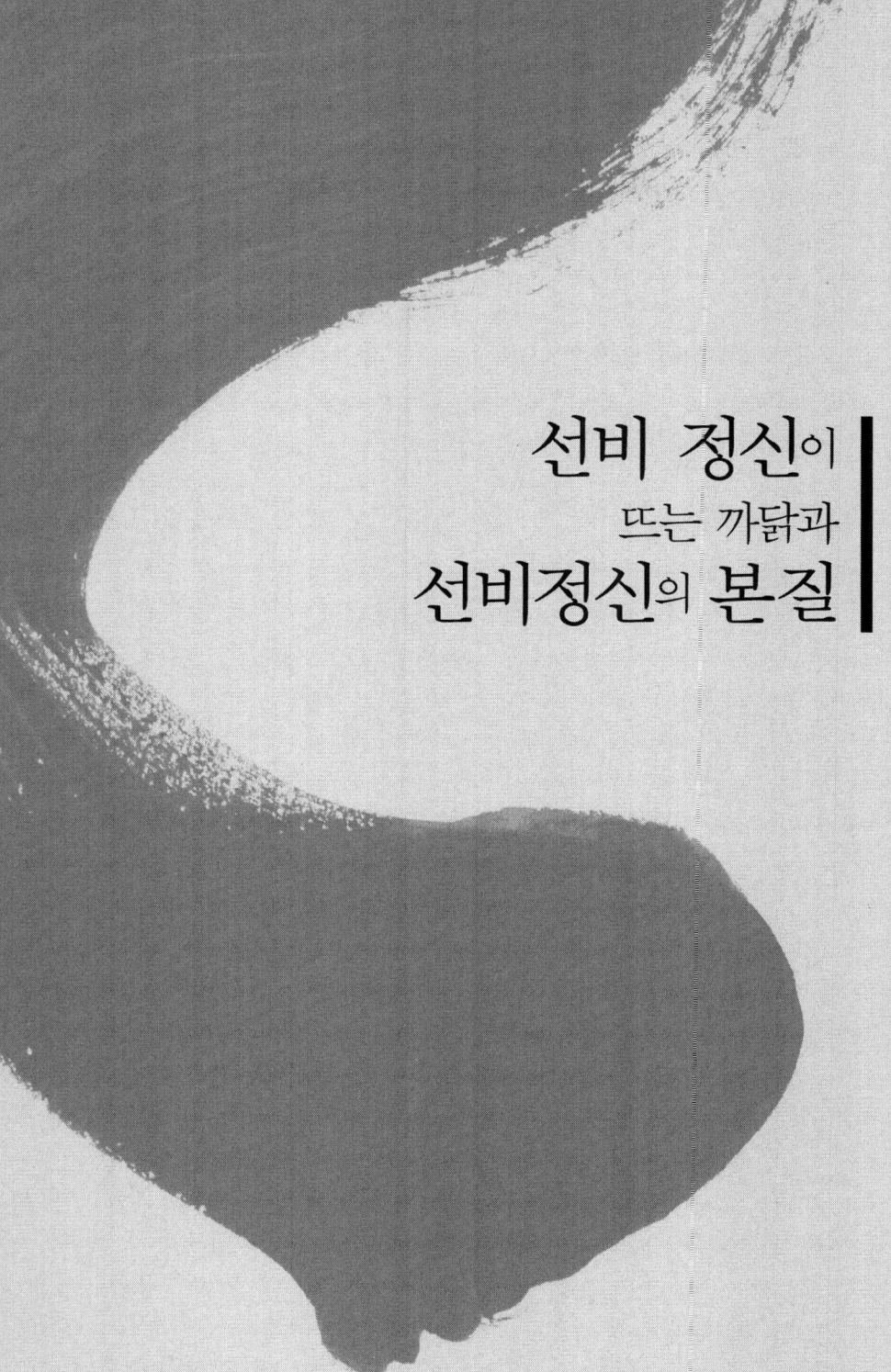

# 선비 정신이
## 뜨는 까닭과
# 선비정신의 본질

●●● 한국의 선비와 일본의 사무라이는 자신의 관점을 관철시키는 수단이 다르다. 선비는 [붓]으로 싸우고 사무라이는 [칼]로 싸운다. 따라서 사무라이의 후예인 일본인이 조선왕조에서 이념적 명분 논쟁이 붓으로 하는 정쟁(政爭)으로 발전했다는 점을 이해하기는 힘들다. 메이지 유신 이후 한반도를 식민지화한 일본인이 후기조선왕조의 학파적 붕당을 당파싸움으로 왜곡해서 식민지 역사교과서로 만든 까닭이다. 사무라이는 칼로 싸워서 승자와 패자를 가리는 전쟁(戰爭)을 되풀이 하였다. 선비는 붓으로 싸워서 대의와 명분을 가리는 정쟁(政爭)을 되풀이 하였다. 사무라이는 승패(勝敗)를 가렸고 선비는 시비(是非)를 가렸다. 승패의 싸움에는 승자와 패자가 생기고, 시비의 가림에는 옳고 그름이 갈린다.

사무라이는 땅을 따 먹어야 한다는 실용적 목표가 우선이었다. 땅을 넓혀야 주군의 인정을 받는다. 땅을 넓히기 위해서는 상대방을 몰아내기 위해 싸워야 했다. 칼로 싸움을 일삼는 사무라이의 세계는 힘의 세계다. 힘 있는 자는 이겼고 힘 없는 자는 순순히 졌다. 힘이 있는 자는 '오야붕'이 되었고 힘이 없는 자는 '꼬붕'이 되었다. 일본인의 세계는 예나 지금이나 '오야붕'과 '꼬붕'의 수직문화가 상존한다.

일본의 사무라이는 전기 사무라이와 후기 사무라이로 구분된다. 도쿠가와 이에야스의 '에도 막부' 설립을 기준으로 그 이전은 전기 사무라이고 '에도 막부' 이후는 후기 사무라이로 구분할 수 있다. 전기 사무라이는 충효와 신의를 찾아 불 수 없는 싸움만 하는 단순 사무라이였다. 전기 사무라이는 학문을 해서 지식으로 자신을 닦고 나아가 국가를 위해 한 몸을 바치겠다는 기개가 없었다. 단순히 자신의 주군을 위해 싸우고 공적에 따라 보수를 챙기는 싸움꾼에 불과했다. 이에 비해 후기 사무라이는 다르다. 에도 막부 설립 이후부터는 무사도를 배웠다. 임진왜란 때 포로로 끌려간 수많은 조선 선비들에 의해 일본의 지배층은 새로운 사상인 '조선실천성리학'을 배웠고 사무라이 정신인 무사도를 수립할 수 있었다.

일본의 사무라이가 조선의 선비로부터 배운 것은 ①주군에게 충성하는 법, ②부모에게 효도하는 법, ③신의를 지키는 법, ④예의와 범절을 갖추는 법, ⑤정의와 신념에 목숨을 바치는 법, 그리고 무엇보다 중요한 ⑥도덕사상과 평화이념을 배운 것이었다.

일본에 끌려간 조선의 선비들 중에서 강항(姜沆 1567-1618)은 도쿠가와 이에야스의 사부였던 후지와라 세이까가 존경하는 인물이다. 강항은 말이 통하지 않는 선승 후지와라 세이카에게 붓으로 필담을 나누면서 '조선실천성리학'의 도덕사상과 평화이념을 가르쳤다.

강항으로부터 '조선실천성리학'을 공부한 후지와라 세이카는 승복을 벗어던지고 유학자의 의복을 만들어 입었다. 후지와라 세이카의 영향을 받은 초대 쇼군 도쿠가와 이에야스는 에도 막부의 관학으로 '조선실천성리학'을 받아들였다. 이로써 '조선실천성리학'의 선비사상이 가르쳐 준 도덕사상과 평화이념을 배운 사무라이들은 서로 싸우던 칼을 거두고 260여 년의 선린우호시대를 열어 나갈 수 있었던 것이다.

'조선실천성리학'은 중국의 '주자학'을 받아들여 이를 실천 성리학으로 발전시킨 조선화 된 독보적이고 독창적인 학문이다. 인본주의적 가치관을 정리하여 주로 일상의 삶에 관한 태도와 행동으로 대입하는 일에 주력하였다. 이런 성리학적 가치와 논리를 실질적 태도와 행동으로 옮기는 과정에서 자연스럽게 실천하는 선비사상이 잉태되어 조선에는 수많은 선비가 태어났다.

선비는 인의예지의 개인덕목과 효충경신의 조직덕목을 실천하는 사람으로 사회적 지도계층이었다. 이러한 선비들에게서 집단지성이 탄생하고 집단지성이 선비문화를 창출했던 것이다. 선비문화는 조선을 지탱해온 국가의 기본 에너지로 수많은 사화(士禍)를 겪으면서 왕권의 억압을 받았지만 신권을 지키는 보루역할을 해 올 수 있었다. 한편 일본에서는 임진왜란 이후 '조선실천성리학'이 수입되자, 그때까지 싸움질만 할 줄 알던 단순 사무라이들이 무사정신을 지닌 사무라이로 변신하여, 사무라이의 행위를 도의 경지로 승화시키는 무사도를 창출했다. 일본의 무사도는 그 내용이 선비정신의 기본정신을 고스란히 담고 있는 것이 특징이다. 이리하여 일본에서는 처음으로 도덕사상과 평화이념이 정착될 수 있었던 것이다.

조선의 선비정신은 '조선실천성리학'의 결과물이다. 하지만 그 바탕에는 '정주성리학'과 '원시유학'의 영향이 깔려 있다. 원시유학은 공자의 인(仁)사상에서 출발한다. 공자는 주 나라 말기 춘추시대 인물이다. 하 나라, 은 나라, 주 나라에서 신(神)중심사회로 내려오다가 주 나라 멸망 기가 되어 인간중심사고가 태동하였다. 공자는 인간중심사고를 확립하여 인간지향사고의 보급 활동을 주도한 인물이다. 공자가 강조한 것은 '인간은 개인적 존재이자 동시에 사회적 존재'라는 것이다. 인간이 더불어 살아가야 하는 사회적 존재임을 강조한 공자가 대동사회를 펼치기 위해 정립한 사상이 유학사상이고 이러한 유학사상은 선비정신의 근본이 되었다.

유학사상이 바탕이 된 선비정신은 다음과 같은 본질을 갖고 있다.
① **선비정신은 인도주의 사상이다.**

선비정신은 수기치인(修己治人)의 행동강령에 바탕을 둔다. 자기수양을 먼저 하여 다른 사람을 구제하는 행동강령이다. 『논어』에서는 한결음 더 나아가서 수기안인(修己安人)을 행동강령으로 표현하고 있다. 자신을 갈고 닦는 자기수양을 먼저 하고 다른 사람과 세상을 평안하게 해 주는 것이 선비의 행동강령이라는 뜻이다.

수기의 출발은 성(誠)에서 시작한다. 진실되고 올바른 태도와 행동을 구현한다. 삶에서는 중용을 실천한다. 삶의 목표는 성인(聖人)을 지향한다.

안인의 출발은 인(仁)에서 시작한다. 사람이 공동체 생활을 할 때 남과의 관계에서 가장 중요한 요소는 인(仁)이다. 인은 어짊이다. 어짊은 사랑이고 존중이다. 사람은 자유롭고, 인류는 평등하고, 세상은 평화로운 사회를 구현한다. 자유, 평등, 평화가 공존하는 대동사회 건설이 목표다. 이런 목표를 달성하기 위해 균형 잡힌 인간을 지향한다. 균형 잡힌 인간은 지덕체 인간이다. 전인(全人)이다. 전인은 슬기롭고(智) 착하고(德) 건강한(體) 인간이다. 인간의 본성을 실천하는 인간이다. 여기에서 인도주의(人道主義)가 탄생된다.

## ② 선비정신은 중용적 현실중심 사상이다.

인간은 순간을 살고 있다. 매 순간 인간의 삶에 최선을 다하자고 강조한다. 즉 하학이상달(下學而上達)이다. 내 다리가 서 있는 '여기', 그리고 '지금' 이 순간에 최선을 다 해야 한다. 그리고 최선의 내용은 중용이어야 한다. 균형을 벗어나는 최선은 최선이 아니기 때문이다. 어떤 일을 결심할 때, 결심은 지금 시작해야 한다. 선비정신은 지금 바로 행동할 것을 강조한다. '여기' 내가 있는 이곳이 중요하고 '지금' 내가 존재하는 이때가 중요하다. 어제와 내일보다는 오늘이 중요하고 오늘보다는 지금 이순간이 중요하다. 저곳보다는 이곳이 중요하고 이곳보다는 여기가 중요하다. 선비정신은 중용을 바탕으로 현실과 현장의 균형에 중심을 두는 사상이다.

### ③ 선비정신은 실천중심 사상이다.

인간의 생각이나 말은 행동으로 실천하지 않으면 아무 의미 없다. 사람은 눈을 뜨는 순간부터 '일일신우일신'(日日新又日新)을 실천해야 한다. 매일 새로워지고 지속적으로 새로워 져야 한다. 새로워짐은 더 나아짐이다. 어제 보다는 더 나은 오늘이 되어야 한다. 내가 새로워진다는 말은 오늘의 나는 이미 어제의 내가 아니고, 오늘의 나는 어제보다는 좀더 나은 새로운 내가 태어나 있어야 한다는 말이다. 매 순간 내가 새롭게 태어나기 위해서는 두 팔다리와 두 손발로 실천하는 삶으로 존재해야 한다. 말만 번드르르하게 하고 실천하지 않는 것을 선비정신은 가장 싫어한다. 실천하지 못하는 지식, 실천하지 못하는 이론을 선비는 가까이 하지 않는다.

### ④ 선비정신은 인간의 자기존재 구현사상이다.

선비정신은 자득철학이다. 인간은 위기지학(爲己之學)을 해야 한다. 자기를 구현하는, 자기를 향상시키는, 자기를 완성시키는 공부를 해야 한다. 결코 위인지학(爲人之學)을 해서는 안 된다. 남을 의식하는, 남에게 보여주기 위한, 겉으로 꾸며대기 위한, 자기를 속이고 남을 속이기 위한, 대가를 받기 위한, 돈만을 벌기 위한 공부를 해서는 안 된다.

공부와 학습은 개인인격완성을 위해 하는 것이고, 더 나아가 남을 섬기고 세상을 평안하게 하는 조직인격완성을 위해 하는 것이다. 남의 눈치를 보고 남에게 잘 보이기 위해 하는 것이 아니다. 선비정신은 인간의 자기존재

구현사상이고 동시에 인간의 관계구현사상이다.

**⑤ 선비정신은 인간의 본성과 공동체의 속성으로 존재하려는 사상이다.**

　인간의 본성은 인의예지(仁義禮智)이다. 개인의 삶은 인간의 본성으로 존재한다. 공동체의 속성은 효충경신(孝忠敬信)이다. 공동체의 삶은 공동체의 속성으로 존재한다. 선비는 인의예지로 개인인격을 완성하고 효충경신으로 조직인격과 사회인격을 완성하려는 사람이다.

　인의예지는 어짊, 옳음, 바름, 슬기이다. 인간이 태어나면서 하늘로부터 받은 본성이다. 이 본성은 인간이 쉬지 않고 갈고 닦아야 하는 것이다. 순간이라도 방치하면 녹슬고 먼지가 앉는다. 인의예지를 한 단어로 묶으면 빛이다. 빛나는 사람, 빛을 생산하고 발산하는 사람이 되는 것이 개인인격 완성의 목표이다.

　효충경신은 배려, 책임, 섬김, 신뢰이다. 공동체의 인간관계가 건강해 질 수 있는 최소한의 속성이다. 공동체의 건강, 공동체의 화합, 공동체의 융성을 위해 인간은 각자의 위치에서 속성을 갈고 닦아야 한다. 효충경신을 한 단어로 묶으면 밝음이다. 빛이 모이면 밝음이 된다. 밝음은 어둠을 쫓아 낸다. 밝음이 있는 곳에 범죄가 있을 수 없다. 밝음이 있는 곳에 살인이 있을 수 없다. 밝음이 있는 곳에 사기가 있을 수 없다. 밝음을 더 밝게 하고 밝음을 더 크게 확장시키는 공동체가 되는 것이 조직인격, 사회인격 완성의 목표점이다.

　위에서 우리는 선비정신의 다섯 가지 본질적 특징을 살펴보았다. 이 시대에 왜 선비정신이 다시 조명을 받아야 하는지 그 이유를 우리는 선비정신의 특징을 인식하면서 분명하게 깨달을 수 있는 것이다. 오늘날 지구촌의 현자들은 인류의 삶이 도덕을 잃어버리고 물질주의에 너무 젖어 타락하고 있다고 걱정한다. 어느새 돈이 인간을 지배하는 신과 같은 존재가 됐다. 사람들은 오직 돈을 벌기 위해서 온갖 나쁜 짓을 하고, 온갖 나쁜 방법을 모색하고, 온갖 나쁜 기획을 생산한다. 인간이 모두 안전하게 먹어야 할 음식에 불량식품이 판을 치고, 제조상품에는 가짜 상품이 진짜를 뺨치듯이 생산되고, 금융상품에 진짜 같은 가짜가 횡행하고, 신뢰사회의 중요한 척도가 되는 수표와 화폐에도 위조수표와 위조화폐가 인간사회를 어지럽히고 있다.

위선, 위장, 허위, 거짓으로 일을 꾸미거나 만들어 내는 사람들은 모두 사기꾼이라고 말할 수 있다. 인간세계에서 우리가 가장 경계하고 경멸해야 할 사람은 바로 사기꾼이다. 사람의 가장 큰 죄는 사람이 사람을 죽이고 해치는 살인과 폭력이고, 그 다음으로 큰 죄는 사람이 사람을 속이는 사기이다.

우리 인간이 공동체에서 신뢰사회를 형성하고 서로 믿고 살 수 있으려면 사기꾼이 없어져야 한다. 사기 중에는 돈을 수중에 넣기 위한 사기가 제일 많다. 명예를 얻기 위한 사기도 있다. 논문의 조작, 표절, 허위학력 등이 여기에 해당한다. 정치적 권력을 얻기 위한 사기도 선거철을 장식한다. 권력을 쟁취하기 위한 사기는 국민을 몽땅 속이는 사기이다. 사실무근을 실제처럼 조작하여 유포하거나 괴담을 만들어 진실을 호도하는 등 거짓선전과 허위가식 권모술수가 여기에 해당한다. 권력을 얻기 위해 자신의 진면목을 숨겨놓고 가식의 웃는 얼굴로 지지층을 호도하고 있는 정치적 이념도 등장한다. 돈을 위한 사기나 명예를 위한 사기는 개인의 몰락과 가정의 파탄에서 끝날 수 있다. 하지만 권력쟁취를 위하여 허위유세로 표 몰이하는 정치적 사기행위는 사회와 국민을 질곡과 도탄에 빠뜨리고 국가의 정체성을 위협하는 가장 악랄하고 추악한 사기이다. 오늘날 대한민국의 자유민주헌법, 태극기, 애국가를 부정하고 있는 공산주의자와 종북주의자가 여기에 속한다.

공자는 이렇게 말했다.

"나는 사이비를 미워한다. 말 잘하는 것을 미워하는 것은 정의를 혼란 시킬까 두려워서이고, 말 많은 것을 미워하는 것은 신의를 혼란 시킬까 두려워서이다. 안에 있으면 충심과 신의가 있는 척하고 밖에 나가면 청렴 결백한 척하며, 그들을 비난하려 해도 딱 들어서 비난할 길이 없고, 공격하려 해도 딱 들어서 공격할 구실이 없다. 내가 그들을 미워하는 것은, 세속에 아첨하고 더러운 세상에 합류하여, 사람들이 다 좋아하도록 만들어 놓고, 스스로도 옳다고 생각하기 때문에, 그들이 하늘의 뜻인 도(道)와 사람의 행실인 덕(德)을 혼란 시킬까 두려워서이다."

인간사의 근본인 정치행위에 있어서 공자가 가장 미워했던 것은 진짜 같은 가짜였다. 즉 사이비(似而非) 정치가였다. 비슷하지만 실은 아님이 바로 사이비이다. 공자는 정치에 대하여 '정자정야(政者正也)라고 말했다. '정치는 잘못된 것을 바로잡는 행위다'라는 뜻이다. 오늘날 정치인들은 '잘못된 것을 바로잡는 행위'를 하는 데 앞장서야 할 것이다.

정암 조광조의
선비정신

●●● 조선 중종 때의 선비 조광조는 향약(鄕約)을 실시하고 선비정신을 정치에 접목시킨 학자요 사상가요 실천가다. 그의 정치개혁은 훈구파의 저항으로 실패한 것이라는 연구자의 견해가 지배적이다. 그러나 조광조의 정치개혁은 결코 실패한 것이 아니다. 그는 후학들이 '조선실천성리학'을 완성하는 데 주춧돌을 놓았다. 그의 개혁정신이 후세에 계승 발전되었다는 점에서 단순히 실패로 끝났다고 볼 수 없는 것이다.[2]

조광조의 정치철학은 '천인무간'(天人無間)사상에서 나오는 '지치주의'(至治主義)가 근본이었다. 즉 하늘과 사람은 떨어져 있는 것이 아니라, '하늘과 사람은 하나' 라는 사상으로 하늘의 뜻인 도(道)가 세상에서 실현되는 덕(德)으로 '이상사회' 건설을 목표로 했다. 조광조는 정치와 권력의 중심에 있는 최고 지도자인 임금의 자질을 중시했다. 조광조가 생각하는 하늘과 임금과 백성의 관계는 다음과 같이 정리할 수 있다.

- 하늘은 언제나 밝고 진실하다.

- 사람은 하늘을 따라 언제나 밝고 진실해야 한다.

- 이것은 하늘과 사람의 근본은 하나이기 때문에 가능하다.

- 임금과 백성의 관계도 마찬가지다.

- 임금과 백성의 근본은 하나다.

- 임금의 도가 백성의 도와 어긋나는 법은 없어야 한다.

---

2) 조광조는 향약(鄕約)을 실시했다. 향약은 동네 주민들 사이의 생활규범이다. 향약은 다음의 네 가지 규약이 중심이다.
- 덕업상권(德業相勸): 효도와 미덕 등 덕 있는 일을 서로 권하는 것.
- 과실상규(過失相規): 잘못하는 일은 서로 바로잡아 주는 것.
- 예속상교(禮俗相交): 서로 사귈 때는 예절을 다하여 사귀는 것.
- 환난상휼(患難相恤): 질병이나 천재 등 어려운 일이 있을 때는 서로 돕는 것.
  향약은 지방자치단체의 주민 협약과 같은 것이었다. 조광조는 미신타파와 백성들의 근본적 의식개혁을 위해 향약의 점진적 확대를 주장하고 이를 전국적으로 실시하도록 강력히 추진했다.

- 임금과 백성이 어긋나는 것은 사람이 도덕적으로 타락하는데 원인이 있다.

- 임금이 밝고 진실하지 못하여 군자(君子)가 되지 못하면 백성과 하나가 될 수 없다.

- 백성이 밝고 진실하지 못하여 소인(小人)이 되면 임금과 하나가 될 수 없다.

- 그러므로 진정한 개혁은 백성이 어진 마음으로 자신을 수양하여 하늘에 가깝게 다가가고, 임금이 먼저 스스로의 허물을 고쳐 하늘에 가깝게 다가가야 하는 것이다.


조광조는 사람을 개혁하고자 했다.

조광조는 제도의 개선이나 체제의 전복으로 개혁하는 것은 진정한 개혁이 아니라고 생각했다. 제도의 개혁은 또 다른 부패제도를 낳고 체제의 전복은 또 다른 부패체제를 낳을 뿐이라고 생각했다. 권력은 독점되고 부패는 승계되는 속성을 가지고 있는 것이다.

조광조의 정치적 이상주의, 개혁정신이 미완성으로 남게 된 배경을 알려면 당시의 정치세력이었던 훈구파와 사림파의 정치적 입장을 살펴 볼 필요가 있다. 원래 훈구파라는 의미는 훈구공신이나 훈구대신 등을 의미하는 일반용어에서 나온 것이다. 오랫동안 왕을 보필하면서 공을 많이 세운 공신의 의미를 지니고 있다. 조선시대의 훈구파는 조선의 건국과 새로 세운 왕조초기에 중앙집권적 왕권을 다지는데 크게 이바지한 인물들에게서 연유했다고 보는 것이 타당할 것이다.

그러나 실질적으로 훈구파가 본격적으로 등장한 것은 세조 때부터였다. 세조의 왕위찬탈을 도와서 공신이 된 사람들은 세력이 강화되어 그 후 왕의 교체와 몇 차례의 정치적 격변에도 불구하고 근본적으로 교체되지 않고 세조, 예종, 성종에 이르기까지 정치의 실권을 독차지 했던 것이다. 이들은 공신전, 과전 등을 통하여 대규모의 사회경제적 기반을 소유하였으며 상호

혼인을 맺고 왕의 외척이 되거나 친척이 되면서 세습적인 명문거족의 지위를 굳혀 갔다. 관직은 사실상 이들 훈구파 사이에서 세습되다시피 하였다.

성종이 즉위한 초반에는 왕을 대신하여 세조비가 섭정을 하는 동안, 훈구파의 권력독점과 권력을 이용한 부의 축재는 심화되었다. 그러다가 성종 7년(1476) 세조비의 수렴청정이 끝나고 성종의 친정이 시작되었을 때, 성종은 훈구세력의 비대한 권력을 견제하고 왕권 친정체제를 구축하기 위해 김종직을 비롯한 유생들을 대거 등용시켰다. 이는 국가통치 이념이었던 유교에 입각한 정치와 국가의 편찬사업을 활발히 진행시키기 위한다는 명분도 있었다. 이때에 등용된 유생들의 정치세력을 이른바 사림파라 불렀다.

사림파의 유생들은 향촌의 중소지주라는 경제적 기반과 유학의 학문적 소양을 바탕으로 새로운 관리가 되어 중앙정계로 진출한 사람들이다. 이들의 유학적 학맥은 고려 말의 안향, 정몽주, 길재, 정도전 등을 거쳐 조선시대에 이르러 길재의 제자인 김숙자, 다시 그 제자인 김종직, 김굉필, 정여창, 김일손 등으로 이어져 많은 사림파 선비를 배출시켰던 것이다.

이들은 성리학의 이상을 현실에서 실천하기 위해 수기치인을 내세웠고, 스스로의 도덕적 수양을 중시하여 개인의 인격도야를 강조했으며 정치에 있어서는 공론을 바탕으로 하는 이상적 도학정치를 꾀했던 것이다. 따라서 임금에게는 성군(聖君)이 되기를 요구했고, 관리에게는 도덕적 수양을 쌓은 군자(君子)가 되기를 요구했으며, 백성들을 향약으로 교화하여 지치주의(至治主義)의 이상국가로 만드는 것을 목표로 했다.

사림파는 훈구파의 부도덕함을 비판하면서 점차 새로운 정치세력으로 형성되었다.

여기에서 기득권을 놓지 않으려는 훈구파와 새로 부상한 사림파 간의 세력싸움이 빚어졌다.

유생들의 성장을 질시하던 당시의 귀족층인 훈구파 무리들은 연산군이 집권하자 우둔한 왕을 움직여 유생들을 탄압하기 시작했다. 이것이 연산군 4년(1498)의 무오사화, 연산군 6년(1500)의 갑자사화였다. 이때부터 유생들의 기는 꺾이기 시작했으며 연산군의 횡포는 더욱 심하여 백성은 도탄에 빠졌다. 그 후 중종반정(中宗反正)으로 연산군이 내쫓기고 중종이 임금에 오르게 되자, 정치는 다시 선대의 성종을 본받아 유교주의로 돌아가지 않을 수 없었다. 중종은 다시 유생들을 등용하여 신진사류의 지도력을 가진 조광조 등이 조정에 발탁되었다. 조광조는 자신의 뜻을 펴 보려고 하였다. 그러나 새로운 임금의 옹립에 공을 세운 훈구파들의 입장에서는 신진사류들이 자기들의 기득권을 빼앗으려는 정치세력으로 보였다. 중종 14년(1519)의 기묘사화 그리고 명종원년(1545)의 을사사화 등은 훈구파가 사림파를 숙청하기 위해 일으킨 조정의 피 바람이었던 것이다.

조광조의 자는 효직이고 호는 정암(靜菴)이다. 조광조는 성종 13년(1482) 출생하여 연산군 시대에 가장 감수성이 예민했던 소년시절을 보냈다. 조광조는 한훤당 김굉필을 스승으로 모셨다. 김굉필은 무오사화 때 연산군에 의해 유배를 당하였고 유배지에서 조광조를 제자로 받아들였다.

연산군 4년에 일어난 무오사화는 성종실록 편찬에 실린 김종직의 조의제문이 문제로 거론된 것이다. 훈구파는 김종직이 사초(史草)에 조의제문(弔義帝文)을 쓴 것은 세조를 비방한 것이라고 하여 대역 무도 죄에 해당하는 행위라고 비판했다. 연산군은 본시 올바른 말로 간언을 자주하는 유생들을 싫어했다. 이에 이미 고인이 된 김종직을 부관참시(관을 쪼개어 목을 베는 극형)하라고 명하고 김일손 등 많은 선비들을 유배 보내거나 파직시켰다. 김굉필은 김종직의 문하생으로 이에 관련이 있다고 하여 국정 비방의 죄목을 씌워 희천(熙川)으로 유배되었던 것이다. 이때 조광조는 찰방 이었던 그의 아버지를 따라 어천(지금의 영변)에 살았는데, 그 곳이 바로 희천의 이웃고을이었다.

도학자로 이름이 높은 김굉필을 만난 조광조는 그로부터 시대를 잘못 만났음을 한탄하는 얘기를 듣고 비분강개하여 분노에 떨었다. 그가 후일 도학정치를 내세운 것은 이때부터 싹트기 시작하였던 것이다. 조광조는 미목이 수려하였고 몸가짐이 비범하여 남을 이끌 수 있는 카리스마를 가졌었기에 성균관에서 여러 유생들의 지도자가 될 수 있었다. 두뇌가 명석하여 그의 논조에는 아무도 반박하기 어려웠다고 한다.

조광조의 청년 시절 이야기는 알려진 것이 거의 없지만, 한 가지 이런 일이 있었다. 조광조가 하루는 길을 가다가 어떤 집에 일이 있어 들렀더니 여주인이 나와서 이상하리만큼 그를 반가이 맞아 들였고 날이 저물자 그 여주인은 노자(남자 종)를 다른 집에 심부름 보내고 단 둘이 있게 되자 자기 비녀를 뽑아서 주었다. 당시 여자가 비녀를 남자에게 준다는 것은 구애를 의미하는 것이었다. 조광조는 그 비녀를 받아서는 아무 말 없이 벽에 꽂고는 금방 그 집을 나와 버렸다는 것이다.

조광조의 강직한 성품을 보여주는 것으로 또 한 가지 일화가 있다. 그가 희천에서 김굉필의 문인으로 있었던 어느 날 스승이 계집종 아이를 몹시 나무라는 광경을 목격했다. 이유인즉 김굉필이 어머니에게 보낼 꿩 고기를 말리게 하였는데 그 고기를 그만 고양이가 물고 간 것이었다. 조광조는 즉시 스승 앞으로 나아가 서슴지 않고 "스승님의 부모님 모시는 정성은 지극한 일입니다만 계집종 아이에게 하는 군자의 언사가 너무 지나친 듯하옵니다. 소자는 스승님의 언사가 적의 의심스럽습니다."

이 말에 김굉필은 얼굴을 붉히며 "네 말이 옳아. 내가 부끄러움을 잊었구나. 너는 진정 내 스승이다. 내가 너의 스승이 못 되겠구나." 라고 하였다는 것이다.


이 이야기는 비록 자기 스승이라 할지라도 예에 어긋나는 일이 있으면 풍지(잘못된 것을 가로막음)했다는 사실로 후일 그의 행동을 짐작 하게 하는 일화이다.

연산군이 쫓겨나고 진성대군이 추대되어 왕위에 올라 중종이 되었을 때, 조광조의 나이는 혈기왕성한 25세였다. 김굉필은 중종반정이 일어나기 2년 전에 유배지인 순천(희천에서 옮겨 옴)에서 사사된 뒤였다. 조광조는 이미 후학들을 가르치고 있었는데 그 해에 진사 회시에 장원 급제하여 성균관에 적을 두었다. 그가 34세 되던 해에 성균관 생도 200여 명 중에서 1위로 천거되어 조정에 진출하였다. 그가 받은 첫 벼슬은 조지서 사지(종6품)였다. 그 해 가을 알성시에 응시하여 급제한 후 성균관 전적(소중한 문서관리 벼슬)이 되었다. 그 해 11월 조광조는 사간원 정언(정6품)이 되어 언론을 펴기 시작했다. 이후부터 그는 요직에 등용되고 활동도 점차 활발해져 갔다.

조광조는 후세에 남겨 놓은 글이 별로 없다. 오늘날 전해오는 것으로 정암선생문집(靜菴先生文集) 4권이 있다. 그 중에도 그가 직접 붓을 든 글은 2권 정도 이고, 나머지 대부분은 소(疏), 책(策), 계(啓) 등 상소문이며 약간의 제문과 시가 있을 뿐이다. 그러나 그는 살아 있는 동안과 죽은 후에도 조선왕조실록에 이름이 언급된 게 300여 개소에 등장할 정도로 화제의 중심에 있었다. 이는 조광조는 그만큼 많은 문제의식의 대상이 되었다는 증거이다. 조광조는 도학자로 알려져 있다. 도학자는 성리학자의 다른 말이다. 공자로부터 내려오는 정명사상의 도통을 이은 학문을 실천하는 선비라는 뜻이다.

성리학이 한국에 들어온 것은 고려말경 이지만 이 때는 널리 보급되지 못했다. 조선왕조 초기에는 사장지학(詞章之學)이 높이 숭상되었기 때문에 과거시험에도 이에 치중하였고 성리학은 일반적으로 경시 당했다. 사장지학은 다른 말로 하면 문장학이다. 조선초기에는 문장학이 아주 중요했다. 조선 초에는 문물제도의 정립과 외교관계의 수립이 가장 중요했기 때문에 실용적으로 사장지학은 필요했다. 제도의 확립과 외교에는 문장의 역할이 매우 컸던 것이다. 그러나 조광조의 개혁정신인 도학정치를 계기로 사장지학은 일변하여 의리지학(義理之學)으로 넘어가게 된다. 의리지학은 도학, 경학, 성리학 등에 무게를 두는 학문을 말한다. 문물제도의 확립 후에는 인간다운 품성을 가진 인재양성이 중요했기에 의리지학은 조선 전기의 실학으로 등장했던 것이다. 조선 중기에 퇴계, 율곡과 같은 대 철인이 탄생하게 된 것은 이러한 학풍의 변화를 주도한 정암(靜菴) 조광조의 공로라고 보는 견해가 강한 이유이다.

정암의 목표는 도학으로 조선왕조의 이상 정치를 구현하는 것이었다.

그는 사문(斯文-유학자)이 되는 것을 자신의 임무라 자부하였고 사문의 임무는 인주(人主-임금)의 마음을 바로잡게 하는 것이라 생각했다. 정암은 이렇게 말했다. "인주의 일신은 매우 중요하다. 왜냐하면 모든 정치의 근원은 여기서부터 이루어지는 것이기 때문이다. 그러므로 인주는 항상 그 일신을 조심해야 되는 것이다."

정암은 또 군자소인지변(君子小人之辯)을 강조했다.

"재이(災異)가 일어나게 되는 것은 소인이 군자를 모함하는데 있다. 사실 군자와 소인을 분별하는 것은 어려운 일이다. 왜냐하면 소인은 군자를 소인이라 하고 군자도 소인을 소인이라 하기 때문이다. 그리고 소인은 주야로 군자를 공박하는 것 밖에 생각하지 않는다. 소인은 인주와의 접견 시에 예모를 갖추고 좋은 말로 수식하므로 그를 가려내는 것은 용이한 일이 아닌 것이다." 정암은 훈구파의 원로들을 소인으로 지칭했던 것이다.

정암은 도학자의 입장에서 미신타파를 위해 도학정신을 확립하는 개혁을 주장했다.

당시에 대궐에는 소격서(昭格署)가 있었다. 소격서는 원래 중국 도교사상에서 유래된 관청으로 일월성신(日月星辰)을 구상화한 상청(上淸), 태청(太淸), 옥청(玉淸) 등을 위하여 성제단(星祭壇)을 세우고 제사 지내는 일을 맡아 보던 곳이다. 여기서는 주로 국가에 흉사가 있을 때에 기도를 하거나 수해나 가뭄이 계속되어 천기에 관한 재변이 있을 때도 이곳에서 기도를 올렸다. 이런 일은 당시의 유학자의 눈에는 비합리적으로 보였고, 백성을 우롱하고 농락하는 행위로 성정(聖政)에 화를 미치고 정도를 해하는 것으로 세상을 속이는 것이기 때문에 혁파 해야 한다는 것이었다. 이러한 혁파의 필요성은 조광조 이전에 이미 유생들에 의해 자주 주장되어 온 것이었다. 중종 13년 (1518) 정암은 유생을 대표하여 중종에게 여러 차례 건의하였으나 중종이 들어주지 않았는데, 이에 불복하여 대간들이 사직하고 성균관유생들은 궐외에서 비를 맞아가며 연좌 하였고, 정암 등은 밤이 늦도록 어전을 물러나지 않으며 재가를 기다렸다. 드디어 중종은 소격서를 혁파할 것을 마지못해 허락했다. 이로써 정암은 미신타파의 선구자로 평가 받기도 한다.

정암의 주청은 갈수록 과격해져 드디어 반정공신의 재심을 간하게 된다. 이 과정에서 기득권을 가진 훈구파의 심한 반발을 야기했다. 중종 14년 10월 대사헌 정암은 대사관 이성동 등과 의기투합하여 정국공신(靖國功臣)이 너무 많다고 중종에게 주청한다.

"반정은 대저 소인들이 꾀한 것이고 그들은 지금 모든 일을 다스림에 모두 이(利)를 먼저 취하고 있습니다. 지금 이를 개정하지 아니하면 국가를 유지하기 곤란할 것입니다. 반정공신 2, 3등 중 가장 심한 것은 이를 개정하고 4등 50여 명은 공이 없이 녹을 함부로 먹고 있는 자들이니 이를 삭제함이 좋을 것입니다." 라고 강하게 주청하였다.

그러나 공신들은 이미 기성귀족이 되어 있었고 현실적으로 조정의 원로들인 그들을 소인배 취급하여 몰아내려는 것은 임금으로서도 쉽게 단행하기 어려운 일이었다.

중종이 7번째의 주청을 물리치자 대간은 사직전술로 나와 중종의 여러 차례 권유에도 복직을 거부했다. 정암도 이번 일이 국가 대사임을 강조하고 어떤 일이 있어도 이 일을 성취시켜야 하다고 강조했다. 중립적이었던 영의정 정광필도 정암 쪽에 합류하여 중종에게 개정하지 않을 수 없다고 말했다. 드디어 11월에 들어 중종은 불허 방침을 바꾸어 반정공신 2, 3등에서 일부 그리고 4등 공신 전원 총 76명을 공신명단에서 소삭(消削)하게 윤허한다.

이에 조정의 실권을 쥐고 있던 훈구파 공신들은 동요되어 공신개정이 결정된 지 5일째 밤에 남양군 홍경주, 공조판서 김전, 예조판서 남곤, 우찬성 이장곤, 호조판서 고형산, 화천군 심정 등이 밀의하여 홍경주로 하여금 임금에게 고하게 하여 "조광조 등이 작당하여 소(少)가 장(長)을 능가하려 하고 천(賤)으로써 귀(貴)를 능멸하니 국세는 어지러워 조정이 날로 말이 아니오니 조광조 일파를 중죄로 다스려야 합니다." 고 탄핵을 주청하게 된다.

이에 중종은 그렇지 않아도 유생을 비롯한 소장파들의 과격한 주청에 염증을 느끼고 있었던 터라 서슴지 않고 그 탄핵을 받아들였다. 훈구파의 역공에 의해 조광조, 김정, 김식, 김구 등 네 사람은 먼 곳으로 유배를 당하였고, 그 외의 유생들에게는 차를 두어 치죄하게 하였다. 이에 이어 정암의 정적이었던 김전이 영의정으로 승진하였고, 남곤이 좌의정으로, 이유청이 우의정으로 임명되었다. 또 훈구파의 신임 대사헌으로 등용된 이항, 대사간으로 등용된 이빈이 상소하기를 "정암을 살려두면 반드시 후환이 생깁니다"고 끈덕지게 중종에게 주청하였다. 이에 중종은 못 이긴 듯이 정암에게 즉시 사사의 처분을 내린다. 이를 〈기묘사화〉라 부른다. 중종의 〈기묘사화〉 이전에 있었던 〈무오사화〉, 〈갑자사화〉 와 그 이후에 있었던 〈을사사화〉를 합하여 4대 사화라 부른다. 이것은 모두 유학자인 사류들이 희생되었기 때문에 사화라고 부르게 되었던 것이다.

사화의 원인은 공신세력인 훈구파와 신진세력인 사림파의 충돌이라 할 수 있다. 아니면 권력쟁탈을 위한 외척들의 투쟁에 사림파들이 희생당한 경우 등으로 분석된다. 그러나 사화에는 더 근본적인 요소가 내재되어 있었다.

첫째 사림파들을 죽이거나 추방시킨 것은 최고 권력자인 왕이었다.

무오사화(1498), 갑자사화(1504)는 연산군이었고, 기묘사화(1519)는 중종이었고, 을사사화(1545)는 명종이었다. 연산군은 학문을 멀리하여 성격이 포악했고, 중종은 우유부단한 성격에 도학정치를 요구하는 유생들에 염증을 느졌고, 명종은 나이가 어려서 판단을 하지 못했다. 어쨌든 왕의 최종명령에 의해서 사화는 일어났던 것이다.

둘째 이들 사화의 배후에는 반드시 간악한 무리가 있었다. 무오사화에는 유자광, 갑자사화에는 임사홍, 기묘사화에는 남곤과 심정, 그리고 을사사화에는 윤원형 등의 간신배가 주도권을 쥐고 방향을 틀었다.

셋째 당시의 주력산업은 농업이었고, 빈곤을 면할 수 있는 최선의 방법은 출세하여 권력층이 되는 길뿐이었다. 뜻있는 양반이나 중인, 평민들조차 권력에 대한 집착이 클 수밖에 없었다. 또 권력을 내 것으로 만들기 위해 상대방을 소인배로 비방하고 권모술수를 사용해서라도 물리치려 했다.

조광조는 정치개혁의 웅대한 뜻을 품고 조정으로 나선지 4년 만에 남곤, 심정 등의 훈구세력에 의한 모함으로 유배를 당하고 유배지에서 사약을 받았다. 그는 요순시대와 같은 이상 정치를 현실정치에 접목할 수 있다고 굳게 믿고 실천에 옮겼다. 그러나 그의 정치개혁은 훈구파의 반발로 미완성의 개혁으로 마감되었다.

중종 14년 1519년 12월 20일은 조광조(趙光祖: 1482-1519)가 사약을 받고 죽은 날이다.

그의 나이 37세. 그의 죄명은 역적. 조광조는 전라남도 화순군 능주로 귀양 간지 28일 만에 유배지에서 임금이 내린 사약을 받고 죽었다. 그가 사약을 받던 날, 능주 적려 초가 앞뜰에는 눈발이 내리고 있었다. 사사의 어명을 받들고자 꿇어앉은 정암은 눈발아래서 다음과 같이 절명 시를 남겼다.

"애군여애부(愛君如愛父) 임금 사랑하기를 어버이 사랑하듯 하였고
우국약우가(憂國若憂家) 나라 걱정하기를 내 집 걱정하듯 하였네.

백일임하토(白日臨下土) 밝은 햇볕이 세상을 내려 보는 날

소소조단심(昭昭照丹心) 나라를 위한 나의 일편단심을 환하게 비추리."

퇴계 이황은 조광조에 대해 이렇게 촌평했다.

"조광조는 천품이 빼어났으며, 일찍 학문에 뜻을 두고 집에서는 효도와 우애를, 조정에서는 충직을 다하였으며, 여러 사람들과 서로 협력하고 옳은 정치를 하였습니다. 다만 그를 둘러싼 젊은 사람들이 너무 과격하여 구신들을 물리치려 함으로서 화를 입게 된 것입니다."

1568년 경연에서 이황이 선조의 물음에 답한 내용이다. 이황의 설명을 듣고 선조는 정암을 복권시키기로 결정한다. 그의 사후 49년 뒤, 선조 6년(1568)에 문정(文正)이라는 시호가 내려짐으로써 정암은 정식으로 복권 되었다.

정암의 정치개혁 내용을 살펴보면 오늘날의 우리들에게도 시사하는 바가 크다.

조광조는 고려 말의 충신 정몽주(鄭夢周)와 조선왕조 개국공신 정도전(鄭道傳)을 정치적 사표로 삼았다. 포은 정몽주와 삼봉 정도전은 둘 다 성리학자다. 정몽주는 점진적으로 고려왕조 체제 내에서의 개혁을 주장하였으나, 정도전은 고려왕조는 부패해서 희망이 없으니 새로운 왕조를 세워 역성혁명을 통한 체제개혁이 필요하다고 주장했다.

정도전은 조선왕조의 근본 이데올로기를 확립한 성리학적 사상가다. 정도전은 고려왕조의 멸망 원인을 '도덕과 미덕의 붕괴'에서 찾았다. 그는 새로운 나라의 기강이 바로 서려면 무엇보다 '도덕과 미덕의 재건'이 필요하다고 생각했다. 정도전은 도덕과 미덕을 사회에 실행하는 수단이 정치이며, 그 전제조건이 경제의 안정 이라고 생각했다. 정도전은 인간이 자신의 본

분을 지키는 것이 사회질서를 확립하는 길이라고 생각했다. 또 인간이 본분을 지키고, 사회질서를 확립하는 길은 삼강오상(三綱五常)에 있다고 확신했다. 때문에 이를 위한 국가철학으로 '성리학(性理學)'을 유일한 정학(正學)으로 삼았던 것이다.[3]

통치체제는 전국적 지배를 중앙정부에 두는 중앙집권체제를 지향했다. 그 정점에는 군주를 두었다. 세습왕조시대였기에 군주의 지배는 신하가 손 쓸 수 없는 영역이었다.

군주는 최고의 통치권을 갖고 전국의 토지와 백성을 지배하는 지위를 가지지만, 실질적 정무는 재상(宰相)이 갖는 '재상중심체제'를 지향했다. 오늘날로 치면 대통령 중심의 '내각책임체제'와 같은 성격이었다.

정도전은 통치자의 독재와 부패를 막기 위하여 감찰권(監察權)과 언권(言權)의 강화를 제시했다. 통치윤리는 인정(仁政)과 덕치(德治)에 근본을 두어야 하며, 형벌은 보조적 수단이 되어야 한다고 주장했다. 이러한 체제의 확립은 경제성장과 경제생활의 안정 없이는 불가능하다고 판단한 정도전은 민생을 안정시키기 위해 무엇보다 농업생산이 진흥되어야 한다고 생각했다. 농업생산의 진흥은 국가정책의 최우선 순위여야 하며 그러기 위해서는 부패한 권문세가와 불교사찰(寺刹)이 소유하고 있는 전답을 백성들에게 돌려주는 토

---

3) 삼강오상(三綱五常)은 前漢 武帝(재위 BC141-87) 때 유학자 동중서(董仲舒)에 의해 등장한 이론이다. 春秋時代 공자에 의해 등장한 유학은 戰國時代에 맹자로 대표되는 내성파(內省派)와 순자로 대표되는 숭례파(崇禮派)의 두 기둥으로 뒷받침 된다. 맹자에 의해 정립된 삼강오륜(三綱五倫) 즉 3강 君爲臣綱, 夫爲婦綱, 父爲子綱 과 5륜 君臣有義, 父子有親, 夫婦有別, 長幼有序, 朋友有信 중에서 3강은 그대로 이어받고, 사람이 지켜야 할 5가지 기본도리로 5륜(五倫) 대신에 5상(五常: 仁 어짊, 義 옳음, 禮 바름, 智 슬기, 信 믿음)을 제시했다. 3강을 그대로 인정한 것은 오랜 분열 끝에 중원을 통일한 한(漢)나라의 강력한 통치력 확립을 위해서 왕을 중심으로 하는 중앙집권체제구축이 반드시 필요했기 때문이다. 삼강오상에 어긋난 행위를 한 사람을 강상죄인(綱常罪人)이라 불렀다. 漢武帝는 유학자 董仲舒의 건의를 받아들여 유학을 국가통치의 정학으로 정착시켰다. 그 후 後漢 때 유학은 약화되어 훈고학이 등장했고, 당나라 때는 경학, 송나라 때는 주자학, 명나라 때는 양명학, 청나라 때는 고증학 등으로 변천 또는 진화되었다. 정도전은 조선의 개국에 따른 한양 성을 설계할 때 오상의 기본이념을 興仁之門, 敦義門, 崇禮門, 弘智門(동서남북의 출입문) 과 普信閣(중앙)으로 형상화 시켜 백성들이 한양 성을 드나들고 종소리를 들을 때마다 이 오상의 정신을 체득하고 일상생활에 실행하기를 염원했다.

지개혁이 필요하다고 생각했다. 정도전은 명문대대의 사대부 집안의 출신이 아니다. 그의 신분은 시골 향리추신이었고 그의 어머니는 노비의 피가 섞인 우연(禹延)의 딸이었다. 그러한 그가 〈조선경국전(朝鮮經國典)〉을 써서 나라의 기본통치제도를 확립했던 것이다.

"백성은 국가의 근본이요, 군주의 하늘이다."라고 〈조선경국전〉은 기록하고 있다.

정도전의 국가경영 이념은 오늘날 자유민주국가 체제를 지향하고 있는 대한민국의 국가철학으로 대입해도 크게 무리를 발견할 수 없을 것 같다. "국민은 국가의 근본이요, 대통령의 하늘이다."라고 〈대한민국 헌법〉에 기록되어 있지 않을 뿐이다.


조선은 선비의 나라였다.

개혁의 고비마다 훈구세력(勳舊勢力)에 의한 강한 저항으로 사림세력(士林勢力)이 자리에서 쫓겨나는 사태를 겪었지만, '군주 위에 백성을 두고자' 하는 끊임없는 투쟁과 끈기는 선비정신이 아니면 이루어낼 수 없었을 것이다.

선비정신은 한국인이 창조한 지도자(리더)의 정체성이다. 정신문화의 으뜸이다. 선비 사상은 구시대의 유물로 취급하여 그냥 버려야 할 사상이 아니다. 서양문화와 서구의 제도 유입과 더불어 더 이상 재고할 가치가 없는 이론으로 경시해서도 안 된다. 선비정신은 우리사회에서 사이비, 사기꾼, 가짜, 허위, 부도덕, 비리, 부정, 부패를 근절하기 위한 근원적 처방이다. 우리가 세계로 보급해야 할 인류문화사적 가치이며, 더욱 발전시켜야 할 대한민국 리더의 정체성이다.

# [ 고려 및 조선의 큰 선비 학맥 관계도 ]

백이정　안향

↓

이제현

↓

이색

↓

정도전　정몽주　권근

↓

김숙자

↓

김종직

↓

정여창　김굉필　김일손
(동방5현) (동방5현)

↓　　　↓　　　↓

이언적　서경덕　조광조　김안국
(동방5현)　　　　(동방5현)

↓

조식　　이황
(동방5현)

↓

이이　　성혼

율곡 이이의
선비정신

●●● 조선의 선비는 변화와 개혁을 신조로 삼았다.

율곡 이이는 간신 윤형원의 죄상을 세상에 조목조목 밝혀 '을사사화'를 바로잡고, 사림(士林)들이 정치세력으로 오를 수 있도록 하기 위해 선조에게 경장론(更張論)을 제시했다.

율곡은 무엇보다 현실문제 해결을 하기 위해서는 먼저 폐단이 많은 조정 내부의 흑백논리부터 없애야 한다고 주장했다. 율곡의 양시양비론(兩是兩非論)은 여기서 출발한다. 율곡은 '이것은 되고 저것은 안 된다'는 흑백논리보다는 두 가지 의견 중에서 '좋은 것은 취하고 나쁜 것은 버리는' 양시양비론을 주장했던 것이다. 하지만 그의 '경장론'과 '양시양비론'은 끝내 관철되지 못했다.

율곡은 낙향을 결심하고 후학 양성에 전념한다. 그리하여 1577년에 탄생한 것이 『격몽요결(擊蒙要訣)』이다. 이 책의 첫 구절을 이렇게 시작한다.

"사람이 이 세상에 태어나서 배우지 않으면 사람 구실하면서 살아갈 수 없다. 배우지 못한 사람은 마음이 욕심으로 가득 차 식견이 어둡게 된다."

율곡은 이 책을 쓰게 된 동기를 다음과 같이 적었다.

"내가 해산(海山: 지금의 海州)의 남쪽에 거처를 정하자, 한 두 명의 학도(學徒)들이 서로 따라와 배우기를 요청하니, 내가 스승이 될 만한 자질이 없는 것이 부끄러울 뿐만 아니라 초학자(初學者)들이 학문의 올바른 방향을 알지 못하고 또 견고한 뜻 없이 대충대충 배우고서 더 가르쳐주기를 요구하면 피차간에 도움됨이 없고 도리어 남의 비웃음을 살까 두려웠다. 그 때문에 간략하게 책 한 권을 써서 뜻을 세우고, 몸을 가다듬고, 어버이를 봉양하고, 사람을 대하는 방법을 거칠게나마 서술하여 이름을 격몽요결(擊蒙要訣)이라고 하여 학도들이 이를 보고 마음을 깨끗하게 씻고, 새롭게 출발하여 그 날로 공부에 착수하게 하고, 나 또한 오랫동안 그럭저럭 옛 것을 답습하는 태도를 근심했는데 이로써 스스로 경계하고 반성하고자 한다.

정축년(1577) 계동(季冬: 섣달)에 덕수(德水) 이이(李珥)는 쓰노라."

율곡은 공부하는 사람에게 입지(立志)는 무엇보다 중요하다고 생각했다. 입지(立志)편을 제1장에 두어 다음과 같이 설명하고 있다.

"처음 배우는 사람은 모름지기 뜻을 세우되, 반드시 성인(聖人)이 되겠다고 스스로 기약하여, 털끝만큼이라도 자신을 작게 여겨서 핑계 대려는 생각을 가져서는 안 된다. 보통사람이나 성인이나 그 본성은 마찬가지이다. 비록 기질은 맑고 흐림과 순수하고 잡됨의 차이가 없을 수 없지만, 만약 참되게 알고 실천하여 옛날에 물든 나쁜 습관을 버리고 그 본성의 처음을 회복한다면 털끝만큼도 보태지 않고서 온갖 선이 넉넉히 갖추어질 것이니, 보통사람들이 어찌 성인을 스스로 기약하지 않을 수 있겠는가. 그 때문에 맹자께서는 모든 사람의 본성이 착하다고 주장하시되, 반드시 요 임금과 순 임금을 일컬어 실증하시며 "사람은 모두 요 임금이나 순 임금처럼 될 수 있다."고 말씀하셨으니, 어찌 나를 속이시겠는가?"

"마땅히 항상 스스로 분발하여 사람의 본성은 본래 선(善)하여 고금(古今)과 지우(智愚)의 차이가 없거늘, 성인은 무슨 연고로 홀로 성인이 되시며, 나는 무슨 연고로 홀로 중인(衆人)이 되었는가. 이는 진실로 뜻을 확립하지 못하고, 아는 것이 분명하지 못하고, 행실을 도타이 하지 못했기 때문에 말

미암은 것일 뿐이다. 뜻을 확립하고 아는 것을 분명히 하고 행실을 도타이 하는 것은 모두 나에게 달려 있으니, 어찌 다른 데서 구하겠는가? 안연(顏淵)은 '순(舜) 임금은 어떤 사람이며, 나는 어떤 사람인가. 훌륭한 행동을 하는 자는 또한 순 임금과 같을 뿐'이라고 말씀하셨으니, 나 또한 마땅히 안연이 순 임금이 되기를 바란 마음가짐을 본보기로 삼아야 한다고 생각해야 할 것이다."

"사람은 오직 심지(心志)만은 어리석은 것을 바꾸어 슬기롭게 할 수 있으며, 불초한 것을 바꾸어 어질게 할 수 있다. 이것은 마음의 허령(虛靈)한 지각능력은 태어날 때 부여 받은 기질에 구애되지 않기 때문이다. 슬기로움보다 아름다운 것이 없으며, 어짊보다 귀한 것이 없거늘 무엇이 괴로워서 어짊과 지혜로움을 실천하지 아니하여 하늘이 부여한 본성을 훼손하는가. 사람들이 이와 같은 뜻을 마음속에 보존하여 굳게 지켜 물러서지 않는다면 거의 도에 가까울 수 있을 것이다."

"무릇 사람들이 스스로 뜻을 세웠다고 말하되, 곧바로 공부하지 않고 미적거리면서 뒷날을 기다리는 까닭은 말로는 뜻을 세웠다고 하나 실제로는 배움을 향한 정성이 없기 때문이다. 만일 나의 뜻으로 하여금 진실로 배움에 있게 한다면 인(仁)을 실천하는 일은 자기에게 말미암는 것이어서 인을 실천하고자 하면 인이 곧바로 이르게 되니, 어찌 남에게서 구하며 어찌 후일을 기다리겠는가. 입지를 중시하는 까닭은 〈입지를 확고히 하면〉 곧바로 공부에 착수하여 오히려 미치지 못할까 염려해서 항상 공부할 것을 생각하여 물러서지 않게 되기 때문이다. 만약 혹시라도 뜻이 성실하고 독실하지 못하여 그럭저럭 옛 습관을 답습하면서 세월만 보낸다면 수명을 다하여 세상을 마친들 어찌 성취하는 바가 있겠는가?"

율곡은 34세 때 (1569년 선조2년) 홍문관 교리로 근무했다. 이때 율곡은 『동호문답』을 지어 당시 18세였던 선조 임금에게 바쳤다. 율곡은 정치의 요체를 11개 항목으로 정리하여 임금이 알아보기 쉽게 대화체형식으로 작성했다. 참고로 목차만 소개하면 아래와 같다.

1. 군도(君道)

2. 신도(臣道)

3. 군신상득지난(君臣相得之難)

4. 동방도학불행(東方道學不行)

5. 아조고도불복(我朝古道不復)

6. 당금지시세(當今之時勢)

7. 무실위수기지요(務實爲修己之要)

8. 변간위용현지요(辨姦爲用賢之要)

9. 안민지술(安民之術)

10. 교인지술(敎人之術)

11. 정명위치도지본(正名爲治道之本)

율곡은 역사에서 어느 때가 치세가 되고 어느 때가 난세가 되었는지를 설명했다. 특히 임금과 신하의 자질이 치세와 난세를 결정하는 중요한 요소임을 지적했다. 치세를 가져오는 방법에는 두 가지가 있다. 하나는 왕도이다.

왕도는 인(仁)과 의(義)로 정치를 베풀어 하늘의 뜻에 부합하는 정치를 하는 것이다. 또 하나는 패도이다. 패도는 겉으로는 인의의 이름만 빌린 채 속으로는 권모술수의 폭력정치를 하는 것이다.

난세를 가져오는 데에도 두 가지 유형이 있다. 하나는 임금이 스스로 자만하여 신하를 믿지 않는 것이고, 또 하나는 임금이 아첨하고 간사한 신하만 믿는 것이다. 두 가지 형태가 다 임금의 눈과 귀를 막아버리는 유형이다.

율곡은 왕도가 시현된 시대는 고대의 요, 순, 그리고 주 나라 문왕과 무왕시대 뿐이었다고 했다. 그 이후로는 패도가 천하를 장악한 긴 어두움이 계속되었다고 보았다. 그 이유는 도학을 하는 진유가 나오지 않았기 때문이라는 것이었다. 맹자 이후 진유가 나온 것은 송대의 주염계, 정자, 주자뿐이라는 것이다.

율곡은 조선시대에 세종이 나와서 비로소 도(道)를 중히 여기는 정치를 실현하여 인재를 널리 기르고 예(禮)를 정하는 한편 음악을 제정하여 요순과 같은 태평의 치적을 올렸다고 지적했다.

율곡은 백성을 편안하게 만드는 방법을 제시했는데, 이것은 율곡이 주장하는 경장론의 핵심이라 할 것이다. 임금이 무엇보다 먼저 해야 할 일은 언로(言路)를 구축하여 선책(善策)을 강구해야 한다는 것이다. 시대정신에 맞지 않는 폐단과 해악을 모두 들추어내서 폐법과 악법으로 규정하고 새롭게 바꿔야 한다고 주장했다.

율곡이 거론한 폐법과 악법은 크게 다섯 가지이다.

첫째, 군역을 피해 도망간 사람이 생기면 그 부담을 일족이나 가까운 이웃들에게 부담시키는 제도를 고쳐야 한다는 것이다. 군역을 피해 백성들이 모두 도망하여 옛날에 100호가 살던 마을이 지금은 10호도 남지 않았는데 10호의 마을 사람들이 100호의 세금을 부담한다는 것은 악법중의 악법이다. 이를 시정하기 위해 도망간 자의 이름을 동적에서 빼 줘야 한다고 율곡은 주장했다.

둘째는 임금에게 바치는 어선(御膳)에는 필요한 것만 공급하면 데는데, 필요하지도 않은 바다와 육지의 온갖 진기한 물건을 다 바치고 있는 것은 문제라는 것이다. 율곡은 불필요한 것은 없애고 어선의 수량을 줄여서 백성의 부담을 덜어 주어야 한다고 주장했다.

셋째로 관청에서 필요로 하는 공물을 백성이 직접납부 하도록 제도를 고쳐야 한다고 말했다. 백성이 납부해야 할 공물을 중간에서 관리들과 상인들이 사비로 준비하여 먼전 관청에 납부하고 나중에 그 대가를 백성들에게서 몇 배나 불려서 거두어 들이는 폐단을 지적했다. 율곡은 1결마다 1두의 쌀을 관청에 납부하도록 하는 수미법(收米法)을 제안했다. 율곡의 제안은 조선후기에 대동법의 초안이 되는 계기가 됐다.

넷째로 나라의 일에 부역을 하는 일꾼은 정군, 보솔, 나장, 조예 등이 쉬지 않고 계속 역을 지거나 2교대 3교대 또는 6교대 7교대로 역을 지고 있기 때문에 도망하는 자가 속출하므로 이를 시정하려면 조정 대신들이 직접 해당 관청과 더불어 의논하여 부역을 고르게 만들어야 한다고 주장했다.

다섯째로 권력을 쥐고 있는 간신들과 이서들이 정치를 혼탁 시키고 관직의 승진이 있을 때나, 형벌의 송사가 있을 때 주고받는 뇌물에 따라 결정되는 폐해가 많으므로 특히 실무를 맡고 있는 이서들에게 적절한 수준의 녹봉을 책정하여 지급하고, 악질적인 이서들은 모두 북방의 육진으로 이사를 보내는 등 실질적으로 효과가 있는 시정 책을 실시해야 한다고 주장했다.

율곡은 이 밖에도 고쳐야 할 민폐를 많이 지적했다. 쓸모 없는 땅이나 황무지에서 세금을 거두는 것, 쓸데없이 공직자수를 늘리는 것, 노비종모법(奴婢從母法)의 적용이 잘못되어 양민이 사노비로 전락하는 것, 고을의 인구가 줄어드는데도 불구하고 군현이 너무 많은 것 등이다.

율곡은 교육제도의 경장을 강조했다. 율곡은 경제가 안정되지 않으면 백성의 교화는 절대 먹히지 않는다고 말했다. 먼저 양식창고가 가득 차야 백성들이 예의와 염치를 알게 된다는 것이다. 율곡은 양민이 교화보다 우선해야 된다고 언제나 강조했다. 그리고 교육을 잘 하려면 선생인 훈도의 자질과 권위부터 높여 주어야 한다고 말했다. 그렇게 하기 위해서 감사가 훈도의 성적을 평가하여 우수한 자에게는 6품의 직을 주도록 제안했다. 그리고 학생의 질을 높이기 위해서는 이조와 예조가 합동으로 8도와 한양 5부의 생원, 진사, 유학 가운데 도학을 숭상하는 젊은이 200명을 뽑아 성균관에 기숙생으로 보내고 또 200명을 뽑아 한양 4학에 각 50명씩 보내어 도학위주의 특별교육을 시킨 뒤에 대간이나 시종직으로 채용하자는 구체적 제안까지도 내 놓았다. 끝으로 율곡은 『동호문답』의 제11조에서 정명(正名)에 대해서 언급했다. 그 요지는 을사사화를 일으킨 오간(五姦)인 정순붕, 윤원형, 이기, 임백령, 허자 등의 위사공신(衛社功臣)의 녹훈을 박탈하고 피해자들의 무죄를 종묘와 사직에 고하여 국시(國是)를 올바로 세울 것을 호소했다.

1574년 우부승지로 재직한 율곡은 39세 때 23세의 선조에게 장문의 개혁상소를 올렸는데 이를 '만언봉사'라고 부른다. '만언봉사'는 율곡이 경연에서 주장한 내용을 선조가 실천하지 않았기 때문에 다시 글로써 정리하여 올린 것이다. 임금이 걱정해야 할 일곱 가지를 들고 수기(修己)와 안민(安民)을 위한 구체적 방안을 각론으로 제시했다.

임금이 걱정해야 할 일곱 가지 사항은 다음과 같다.


1. 임금과 신하가 가족처럼 친밀하게 정사를 논하지 못하는 것.

2. 신하들이 자기책임을 다하지 않는 것.

3. 경연이 형식으로 흘러 성취한 일이 없는 것.

4. 재야의 현인을 등용하지 못하는 것.

5. 천재지변을 당해도 하늘의 뜻에 따르는 개혁을 하지 않는 것.

6. 정책을 하달해도 백성의 고통을 구제하는데 도움을 주지 못하는 것.

7. 인심이 구태에 얽매어서 공동선을 하려는 마음이 없는 것.


각론으로 제시한 수기와 안민의 방안은 다음과 같다.


수기를 위한 네 가지 방안:

1. 임금이 태평성대를 회복하려는 마음을 가질 것.

2. 임금이 정심과 성의를 기르는 학문에 힘쓸 것.

3. 임금이 궁관(宮官)을 멀리하여 사(私)를 버리고 공(公)을 넓혀 국가재정을 위해 왕실재산을 충당할 것.

4. 경연제도를 강화하고 신하들과 교대면담을 자주 하며 신하를 가까이 하여 지혜를 깨우치는데 도움을 받을 것.


안민을 위한 다섯 가지 방안:

1. 언로를 넓게 열고 성심을 다하여 백성의 뜻에 따를 것.

2. 공안을 개혁하여 백성들을 수탈하는 모리배를 없앨 것.

3. 수입을 헤아려 지출을 결정하는 양입위출(量入爲出)로 왕실의 사치를 없앨 것.

4. 공노비도 백성이므로 지방의 공노비를 한양으로 차출하는 선상을 줄여서 고통을 없앨 것.

5. 군정을 개혁하여 군졸에게서 미포(米布)를 거두지 말고, 놀고 있는 장정들을 징병하여 내외의 국방을 공고히 하는데 투입할 것.

율곡의 '만언봉사'는 홍문관 부제학 유희춘의 적극적인 지지를 받았다. 율곡도 그 후 경연에서 경장의 필요성을 임금에게 역설하고 특히 공안은 연산군 때 만든 것으로 조종의 법이 아니라고 역설했다. 하지만 율곡의 '만언봉사'는 결국 실행되지 못했다. 실망한 율곡은 벼슬을 버리고 고향인 파주와 처가가 있는 해주로 돌아갔다.

1575년(선조 8년) 율곡의 나이 40세 홍문관 부제학으로 다시 조정에 등용됐을 때 선조임금에게 지어바친 책이 『성학집요』이다. 앞서 선조에게 '만언봉사'를 올렸으나 실행되지 않아 사직하고 해주로 가 있을 때 이론을 가다듬어 만든 책이다.

선조는 이 책을 받아 읽고 "책이 참으로 절실하고 긴요하다. 여기에 실린 말은 부제학의 말이 아니라 성현의 말이다. 치도(治道)에 큰 도움이 될 것이다. 내가 영특하지 못해서 몸소 실행하지 못할까 두렵다."라고 말했다.

『성학집요』는 율곡의 왕도정치 이념과 경장이론을 체계적으로 상세하게 집대성한 책으로 그 전에 이황이 선조에게 지어바친 『성학십도』와 더불어 조선의 왕도정치 이념을 대표하는 책이다. 『성학십도』는 10장의 도표형식으로 요약한 간결한 저서로 임금은 병풍에 까지 넣어서 늘 곁에 두고 있었다. 이에 비해 율곡의 『성학집요』는 여덟 권에 이르는 방대한 분량이었다.

율곡이 지은 『성학집요』는 기본적으로 송나라 학자 진덕수가 편찬한 『대학연의』에 대한 불만에서 출발한 것이다. 『대학연의』는 격물, 치지, 성의, 정심, 수신, 제가, 치국, 평천하의 순서로 나아가야 한다는 정치리더십 이론이다. 율곡은 이 책의 분량이 43권 12책으로 매우 방대하고 또 논지가 산만하여 초점이 부각되지 못한 단점이 있다고 생각했다. 『성학집요』는 이런 단점을 보완하기 위해 내용을 간결한 8권으로 압축했다. 사서오경에서 핵심이 되는 말을 뽑아 주제로 부각시키고 여기에 주자의 의견을 덧붙이고 『사기』『사략』을 비롯한 역사책 등에서 발췌한 사례를 보태고 또 율곡 자신의 의견을 보태어 해설을 한 것이다. 특히 조선의 정치현실에서 제기되는 정무의 과제를 아울러 제시했다는 점에서 16세기 왕도정치 사상서의 대표서적으로 평가된다.


율곡은 도학(道學)의 요체는 성현의 책을 많이 읽고 견문을 넓히는데 있는 것이 아니라, 먼저 그 이치를 살피고 그것을 실천하는데 있다고 강조했다. 이치를 살피려면 먼저 그 이치를 알아야 하고, 그런 이치를 알려면 그 요점을 이해해야 하고, 그 요점을 이해 하게 되면 자연히 그 맛을 알게 되고, 그 맛을 알게 되면 그 이치의 실천에 성의를 다하게 된다는 것이다. 그렇기 때문에 성현의 책에서 그 요점을 간추려내는 일은 아주 중요한 일이다.

율곡은 자신의 의견으로 도학(道學=聖學)의 본질을 수기치인으로 요약했다. 수기치인의 방법은 천명의 본성(本性)에 따라 혼자 조용히 있을 때 경계하고 두려운 마음을 가져야 하고, 행동할 때에는 자기의 악(惡)을 삼가 하는 마음으로 절도에 맞도록 하여 천지가 제자리를 찾고 만물이 성장하도록 배려하고, 밝은 덕을 더욱 밝히고 중화가 나라와 천하에 퍼지도록 하여야 한다고 설명했다.

율곡은 이 책의 통설에서 『대학』에 담긴 내용을 요약하고 있다. 이것은 우주자연의 이치를 아는 데서 시작하여 천하를 평안, 평등, 평화로 평정하는 데 이르는 과정을 설명하고 있는 것이다. 정치의 최종 목표는 '평천하'이다. 즉 천하를 평안하게 하고, 천하를 평등하게 하고, 천하를 평화롭게 하는 것이 정치의 목표이다. 이것이 평천하의 실현이고 천하를 평정하는 것이다.

천하를 평정하려면 먼저 치국을 해야 하고, 나라를 잘 다스리려면 먼저 제가를 해야 하고, 집안과 고을을 잘 안정시키려면 먼저 수신을 잘 해야 하고, 제 몸을 맑고 밝고 깨끗하게 수양하려면 먼저 정심을 가져야 하며, 자기의 마음을 옳고 바르게 가지려면 먼저 성의를 진실되게 가져야 하고, 자신의 목적한 뜻을 진실되게 가지려면 먼저 치지를 해야 하며, 아는 것이 정확하고 지극해 지려면 먼저 격물을 잘 해야 하는 것이다. 격물은 자연과 사물에 대한 이치를 깊이 있게 궁리해서 깨달음의 수준을 높이는 행위이다.

이러한 과정을 다시 역 순서대로 정리해 보면 격물→치지→성의→정심→수신→제가→치국→평천하의 순이다. 이것은 우주자연의 이치를 이해하고 인식하는 데서 출발하여 세상과 천하를 평안하고 평등하고 평화롭게 만드는 과정을 설명한 『대학』의 가르침이다.

사람은 우주자연의 이치는 무엇인가라는 질문을 할 수 있다.

율곡은 이렇게 설명한다. 우주의 만물은 음양과 오행이 변화하여 생성한다. 형태를 만들어 주는 것은 기(氣)이다. 기가 있으면 반드시 이(理)가 가운데 존재한다. 이렇게 이기(理氣)가 작용하여 형태와 성격을 만든다. 사람도 마찬가지로 이와 기를 타고 난다. 이가 만들어 주는 것이 인의예지 이다. 이 것을 본성이라고 한다. 이 성(性)을 따라 행동하는 것을 도(道)라고 하고 도 를 배우는 것은 교(敎)라고 한다.

사람은 누구나 착한 성을 타고 태어난다. 그러나 실제로는 왜 착한 사람 도 있고 악한 사람도 있는가? 그 이유는 사람의 본성은 동일하지만 사람마 다 다 다른 기를 갖고 있기 때문이다. 하지만 비록 기가 나쁘다고 해도 사람 이 나쁜 기를 두려워하고 조심하며 자기의 숨겨져 있는 성을 찾아 도를 행 하면 누구나 성인이 될 수 있다는 것이다.

사람은 어두운 곳, 남이 보지 않는 곳, 깊숙한 곳에서 아주 작은 일로 나 쁜 마음이 싹튼다. 아직 행동으로 나타나지 않아서 남들은 모르지만 자기 혼자만은 알고 있는 경우가 있다. 이렇게 혼자만 알고 있는 경우를 독(獨)이 라고 한다. 이 때가 가장 위험한 때 이다. 그래서 강조하는 것이 혼자 있을 때 조심하라는 신독(愼獨)이다.


율곡의 『성학집요』는 수기편이 가장 많은 비중을 차지 하고 있다. 수기 (修己)가 모든 것의 시작이므로 수기를 잘 해야 그 다음 정가(正家: 『대학』의 제가에 해당), 위정(爲政: 『대학』의 치국, 평천하에 해당), 성현도통(聖賢道統: 『대학』의 실적(實跡)에 해당) 등이 저절로 된다고 보았기 때문이다.

율곡은 책을 읽는 방법으로서 다독(多讀)보다는 정독(精讀)할 것을 권했다. 그리고 의문이 남는 곳은 그냥 넘기지 말라고 말했다. 독서를 하는 순서와 대상도 친절하게 설명해준다. 『소학』을 먼저 읽고 난 뒤에 사서의 『대학』 을 읽고 그 다음에 『논어』 『맹자』 『중용』의 순서로 읽고 그리고 오경의 『시경』 『서경』 『예경』 『역경』 『춘추』를 읽기를 권했다.

『대학』은 수기치인의 지침서이다. 도덕윤리와 정치사상이 모두 포함되어 있다. 리더십의 근본원리가 과정에 따라 설명되어 있다. 조선시대 임금의 경연에서 교재로 가장 많이 채용된 책이다. 사서오경에 이어서 율곡은 역사책을 읽는 방법도 설명해 준다. 역사 책을 읽는 목적은 리더가 정치를 잘 한 때와 정치를 잘못한 때 그리고 현인과 군자가 언제 벼슬길에 나아가고 언제 벼슬길에서 물러났는지를 잘 파악하여 시대와 사물을 바로잡는 데 도움을 얻으려는 것이라고 말했다. 역사적 사건만 많이 아는 것은 헛된 일이며 반드시 나라가 흥하고 망하는 이치를 깨달아 도덕적으로 정치를 영위할 줄 아는 교훈을 얻어야 한다고 강조했다. 정치적 성공에는 요행으로 성공한 경우도 있고 불행으로 실패한 경우도 많은 것인데, 후세 사람들이 성공한 경우는 다 옳다고 말하고, 실패한 경우는 다 그르다고 말하는 것은 성공한 사람에게도 도리어 잘못이 있을 수 있고, 실패한 사람에게도 도리어 옳은 점이 있다는 것을 모르고 하는 말임을 지적했다. 올바른 사람이 반드시 성공하고 악랄한 사람이 반드시 실패하는 것이 아니라, 요행에 의해서 나쁜 사람이 성공하기도 하고 불행에 의해서 올바른 사람이 실패하기도 한다는 것이다. 율곡은 성공과 실패는 도덕성과 반드시 일치하는 것이 아님을 보고 역사적으로 도(道)가 붕괴된 이유가 여기에 있다고 보았다.

율곡은 과거에 리더였던 어떤 사람을 평가할 때, 그 사람의 성공과 실패를 평가하기 보다는 그 사람의 생각과 행동이 도덕적으로 좋은 목적이었나 아니면 나쁜 목적이었나를 먼저 평가할 것을 주장했다. 그 목적이 좋은 것이었으면 본 받아야 할 것이고, 그 목적이 나쁜 것이었으면 비록 성공한 것이라 해도 비판하고 경계해야 할 것이라는 의미이다.

율곡은 노자와 장자, 육상산, 불교에 대한 비판도 거침없이 말했다. 노자와 장자의 말 가운데 무위와 무욕은 이치에 가까워 취할 바가 있지만, 그 밖에 신선이 되어 죽지 않는다는 양생 설이나 공허(空虛)한 것을 교용(妙用)이라고 주장하는 공허묘용설 등은 모두 허황된 것으로 폐단이 크다고 했다. 또 육상산은 성리학의 격물치지가 번잡하다고 배척하고 본심(本心)에만 힘을 쏟아야 한다고 주장하는데 이것은 마음을 함양하는데 도움이 되지 않는 것은 아니지만, 모든 것을 마음에만 의존하는데 그치면, 근로를 싫어하고 간편한 것을 좋아하는 무리들이 따르게 되어 사회와 나라를 그르치는 간신배와 같은 것이라고 지적했다. 또 불교는 정밀한 점이 있어 취할 것이 많이 있으나, 조잡한 점이 있는데 윤회설과 인과응보설을 말하면서 죄와 복을 갈라놓고, 우매한 사람들을 유혹하여 공봉(供奉)을 바치게 하는 것은 좋지 않다고 지적했다. 그리고 정밀한 점은 불교의 심성론으로 마음을 이(理)로 이해하고 마음을 만법의 근본이자 성(性)으로 보는 것은 좋은데, 다만 성이 보고 듣는 것에 작용하여 적멸(寂滅)을 종지로 삼고 천지만물을 실제로 존재하지 않는 환상으로 보아서, 세속을 떠나는 것을 도(道)로 보고, 인간의 현생의 삶을 모두 질곡과 고통으로 간주하는 것은 문제라고 말했다.

율곡은 역경의 말을 인용하면서 다음과 같이 주장했다. "역(易)에는 궁하면 변하고, 변하면 통하고, 통하면 오래간다."고 했는데 옛날과 지금은 풍기(風氣)가 같지 않고 그릇과 쓰임새 또한 다르다. 따라서 리더는 변화를 통하여 백성들이 게으르지 않고 각기 부지런히 때를 따르도록 해야 한다. 이렇게 시대가 달라져서 새로운 것을 필요로 할 때 바꾸는 것이 창업이다. 아무리 덕을 많이 가진 임금이라도 하늘과 백성의 뜻에 순응하지 않으면 창업할 수 없다. 창업 뒤에는 수성을 해야 한다. 성군과 현명한 재상이 법을 만들고 정치도구를 펼치고 예악을 가지런히 만들어 놓으면 그 뒤에 나오는 왕과 현인들이 그것을 잘 지키고 이어가는 것이 수성이다. 수성에는 경장이 필요하다. 성숙이 극에 달하면 중간에 잘못이 생기고, 법이 오래가면 폐가 생기는 법이다. 이럴 때 편안하게 앉아서 고루함에 빠지면 기강이 무너지고 날이나 달마다 잘못된 일이 생겨나서 장차 나라를 경영하는 일이 어려워지는데, 이럴 때는 현군이 분명히 일어나서 기강을 다시 세우고, 혼탁하게 게으른 것을 각성시키고, 구습을 씻어내고, 오래된 폐단을 바로 잡고, 좋은 유지는 잘 계승하되 일대의 규모를 새롭게 바꿔야 한다. 모든 일에는 때가 중요하다. 수성이 필요할 때 경장을 하면 마치 병이 없는 몸에 약을 써서 도리어 병을 만드는 것과 같고, 경장이 필요할 때 구법을 지키려고 안간힘을 쓰면 이는 병자에게 약을 주지 않고 죽기를 기다리는 것과 같은 것이다. 경장은 집에도 비유된다. 오래되어 썩어서 무너질 지경이 되면 재주 있는 목수가 아니면 수리할 수가 없다. 이 때 그 집 주인은 천리를 멀다 하지 않고 재주 있는 목수를 급히 부르는 것이 옳다. 경장은 오래된 집을 수리하는 것과 비슷하다.

율곡은 자신이 주장하는 경장은 조종의 법을 모두 바꾸자는 것이 아니라, 기본적으로 선왕의 아름다운 뜻을 그대로 계승하면서, 이 시대에 맞지 않는 것을 부분적으로 바꾸자는 것이라면서 경장을 하여 면목을 일신해야만 왕업이 오래갈 수 있다고 말했다. 특히 율곡은 임금의 사적 소유인 왕실 재산을 혹독하게 비판했다. 임금은 하늘이 덮고 있고 땅이 싣고 있는 모든 것을 가지고 있는 사람이므로 사(私)적 소유를 따로 가질 필요가 없는데, 지금의 임금들은 마음의 사(邪)를 이기지 못하여 사심(私心)을 가지고 있으며 가인(家人)이나 측근을 바르게 하지 못하기 때문에 사인(私人)들을 가지고 있고, 사인을 쓰게 되면 자연히 사비(私費)가 필요하게 되어 안으로 국가의 경비를 손상시키고, 밖으로 백성들이 공물을 더 많이 바치게 되어 만사의 폐단이 바로 여기에서 생겨난다고 지적했다.

율곡이 상소문에 쓴 표현은 아래와 같다.

"신이 생각 하기로, 천자의 부는 천하에 저장해 두는 것이며, 제후의 부는 백성에게 저장해 두는 것입니다. 창름과 부고는 공공의 물건으로서 사저로 가지면 안 됩니다. 나라의 임금이 사저를 가지는 것은 이익을 다투는 것이 됩니다. 이익의 근원이 한 번 열리면 아랫사람들이 다투어 이익을 추구하여 어떤 일이라도 하게 됩니다. 신이 생각하기에, 전하께서 진실로 큰 일을 하고자 하시면 먼저 왕실의 내탕과 내수사를 호조에 넘겨 국가의 공비로 만들어야 합니다. 그리하여 사재를 갖지 않아, 전하께서 터럭만큼이라도 이를 다투는 마음이 없다는 것을 신하와 백성들이 환하게 깨닫게 되면 더러운 풍습이 깨끗해지고 도덕이 지극하게 될 것입니다."

율곡이 선택한 경장은 백성의 물리적 힘으로 해결하려는 혁명 같은 개혁이 아니었다. 율곡은 위로부터의 점진적이고 온건한 개혁을 주장했다. 그가 가장 싫어한 것은 무사안일로 현실을 즐기고 있는 기득층과 입신출세하여 녹봉이나 챙기고 권위를 부리려는 사이비선비였다.

위로부터의 개혁은 당연히 임금의 결단으로 시작되는 것이다. 임금이 먼저 결단을 하고 임금 혼자 힘으로 부족하기 때문에 어진 선비를 등용하여 지혜와 힘을 모으는 것이 필요하다고 생각했다. 율곡은 역사의 흐름이 가르쳐주는 교훈을 깨닫고 있었다. 왕조가 창립하여 200여 년 정도가 지나면 마치 집이 오래되어 서까래가 썩고 기와가 부서지듯이 국가의 기강도 쇠퇴하고 구습이 착근하여 게으름에 빠져버리고 국가는 붕괴의 길을 걷는다고 보았다. 그는 임금을 성인군주로 만들어서 요순삼대의 대동사회를 건설하기 위해 피를 토하는 직언을 17년 간 올렸다. 임금의 노여움을 무릅쓰고 계속해서 직언을 상소했다. 향리로 물러나 숨어 사는 것이 편한 삶이라는 것을 모르지 않았지만 그것은 선비가 택할 길이 아니라고 생각했다.

율곡은 국가의 쇠퇴기에 경장을 하여 일신하지 않으면 나라는 반드시 망하고 말 것이라고 예견했다. 그의 예견이 그가 떠난 지 10년이 채 안돼 적중했다. 하지만 선조 임금과 대부분의 신하들은 그가 평지풍파를 일삼는 교만한 인물이라고 치부하여 그를 경원하고 공격하는데 여념이 없었던 것이다.

율곡은 스승인 퇴계가 주장한 이기이원론에 대하여 이기이원적 일원론을 제창했다. 그는 스승의 이론을 존중하면서도 자기의 주장을 내세우는데 주저하지 않았다. 율곡의 철학은 우주와 인간을 긍정적인 눈으로 바라본다. 인간이 성인에 목표를 두고 교육을 통해 끊임없이 수양하고 도덕성을 함양하면 인류가 희망하는 대동사회를 건설할 수 있다는 것이었다.

율곡은 46세 때 경제사(經濟司)의 설치를 강력히 건의 하였고, 말년에 이조판서, 병조판서를 역임했다. 그리고 49세에 신병으로 작고했다. 임금에 실망하고 나라의 앞날을 걱정하던 그가 운명할 즈음의 모습은 아래와 같이 묘사되었다.

"겨울 비바람에 기왓장이 날아가도, 율곡은 집안일을 묻지 않고 나랏일을 걱정했다. 죽기 하루 전 북방의 순무(巡撫)를 맡은 서익이 부임인사차 찾아오자 방비의 조언을 해 주어야겠다면서 일어났다. 모두가 말렸지만 듣지 않았다. 붓을 잡을 힘이 없어 아우에게 받아 적게 했다. 「육조방략을 어사 서익에게 주다(六條方略與徐御使盆)」. 이것이 그의 마지막 글이 되었다. 다 불러 주고 난 후 극도의 피로로 혼절했다. 마지막까지 위의(威儀)를 갖추어 떠나고자 했을까. 잠깐 깨어나 손톱 발톱을 깎게 하고 목욕을 시켜 달란 다음, 몸을 가지런히 하고 단정한 모습으로 숨을 거두었다. 1584년 그의 나이 마흔 아홉, 정월 열 엿새 새벽이었다. 남겨둔 일이 그토록 걱정이었을까, 십 년이 채 안돼 닥칠 민족사의 엄청난 재난을 예견하고 있었던 것일까. 죽어서도 며칠간 눈을 감지 못했다 한다."

퇴계 이황의
선비정신

●●● 조선 선비의 학문적 사상논쟁은 처음에는 '이(理)'와 '기(氣)'에 대한 논리를 중심으로 전개되었다. 이기론은 인간의 우주에 대한 이해다. 인간의 우주에 대한 이해는 인간의 심성에 대한 이해와 연결되기 때문에 결국에는 인간이 좋은 심성을 갖도록 하는 방법론으로 이어졌다. 우주를 인간을 비롯한 지상 모든 만물의 근원이라고 보고, 하늘의 섭리인 도(道)를 따라 지상의 이치인 덕(德)을 행하는 것이 인간세계의 '최고선'으로 보는 '조선실천성리학'은 조선 선비로 하여금 '이'와 '기'에 대한 논의를 더욱 강화시켰다. 이리하여 '이기론'은 '조선실천성리학'을 구성하는 뿌리로 자리잡았다.

2011년판 프랑스의 『미슐랭 가이드』[4]의 '한국 편'에는 한국인의 정신을 이해하려면 '이기론'을 알아야 한다는 대목이 기록되어 있다. 유럽문화의 대표국가인 프랑스에서 퇴계 이황의 사상인 '이기론'을 한국의 유교정신문화의 기원으로 해석하고 있는 것이다.

'조선실천성리학'은 관념에 빠져 있던 중국의 '정주성리학'과는 달랐다. '조선실천성리학'은 이론보다 실천에 무게를 두었다. 성리학을 어떻게 일상의 삶에 실천하느냐가 조선 선비의 고민이었고 중심사상이었다.

이(理)란 정신성을 가리키고 기(氣)란 물질성을 가리키는 말이다.

퇴계는 주리론(主理論)의 입장에서 이동설(理動說)과 이기이원론(理氣二元論)을 주창하여 성리학을 더욱 심화 발전시킨 당대 최고의 학자다. 퇴계는 도덕적 행위의 근거로서 인간의 심성(心性)을 중시했다. 이러한 퇴계의 이론은 조선 후기 영남학파의 이론적 토대가 되었던 것이다.

퇴계는 수신(修身)의 근본을 마음에 두었다.

---

4) 세계에서 가장 권위 있는 여행정보지. 이 책은 2011년 판부터 처음으로 한국을 '여행 해 보고 싶은 나라'에 등장시켰다

"인간이 머물러야 할 곳은 본성이다. 인간은 태어날 때 명덕을 하늘로부터 받아 태어난다. 이 밝은 본성은 진실하여 거짓이 없다. 진실함은 인간뿐 아니라 만물의 본성이다. 천체의 운행에는 거짓이 없다. 초목은 싹이 나야 할 때 싹이 나고 꽃은 피어나야 할 때 꽃이 피어난다. 우주만물은 거짓 없는 그 자체다. 그 자체는 진실함이다. 인간이 태어나서 스스로 자신의 명덕을 밝히는 일은 인간의 일중에서 근본이다. 인간의 근본은 진실함이다."라고 강조했다.

퇴계는 '격물' '치지' '성의' '정심'으로 '수신'할 것을 강조했다.

'격물(格物)'은 대상에 대한 깊은 궁리 이다. '격물'은 밑바닥까지 캐내고 철저하게 규명할 것을 요구한다. 지금의 용어로는 '과학적 탐구'의 자세가 '격물'이다.

격물을 통해 사물의 앎이 철저해지고 정확해지는 상태가 '치지(致知)' 이다. 철저한 지식기반의 확충이다. '정확한 지식의 종착점'이 '치지' 이다.

단순히 표현하면 '격물'은 '과학'이고 '치지'는 '지식'이다.

'성의(誠意)'는 성실한 의지다. 열정과 집중을 뜻한다.

'정심(正心)'은 하늘로부터 받은 본래의 양심이다. 순수하고 바르며 편견이 없는 정의(正義)의 마음을 뜻한다.


〈격물〉〈치지〉〈성의〉〈정심〉 이 네 가지는 수신(修身)의 핵심요체다. 생각과 말과 태도와 행동의 뿌리이다. 이렇게 하여 '수신'이 이루어지면 개인인격의 독립이 완성된다. 자신이 명덕(明德)의 존재임을 깨닫고 그 경덕을 밝히는 것이 개인인격의 완성인 것이다.

그 다음 단계는 다른 사람의 명덕을 이끌어 내는 행위이다. 다른 사람의 명덕을 이끌어 내어 모든 사람의 명덕을 밝히는 행위가 단계적으로 이루어져야 천하의 평안, 평등, 평화를 유지시키고 발전시킬 수 있다. 그 단계적 과정이 〈수신〉 〈제가〉 〈치국〉 〈평천하〉이다.

먼저 '제가(齊家)'가 이루어져야 한다. 고대사회에서의 집(家)이란 넓은 의미의 집안 즉 부락이나 고을을 의미한다. 〈수신〉이 이루어져 개인인격이 완성되면 자기집과 이웃과 고을의 삶을 평안, 평등, 평화롭게 이끌어야 한다. 수신을 디딤돌로 실행되는 리더십의 첫걸음이다.

'치국(治國)'이란 〈수신〉, 〈제가〉를 디딤돌로 더 넓게 이루어지는 리더십의 역할 증진을 말한다. 고을이 모여서 하나의 나라를 형성하고 있다. 무엇보다 나라의 삶을 평안, 평등, 평화롭게 이끌어야 한다.

'평천하(平天下)'란 〈수신〉, 〈제가〉, 〈치국〉을 디딤돌로 천하의 평안, 평등, 평화를 도모하는 실행을 의미 한다. 천하는 온 세상을 뜻하며 오늘날로 치면 글로벌 세계, 지구촌을 상징한다. 지구촌에 살고 있는 인류가 모두 행복하게 살수 있는 인간사회의 평안, 평등, 평화의 열매를 거두는 리더십을 말한다. '평천하'는 인류의 행복을 위한 인간 리더십의 종착지다.

'수신'의 개인인격에서 시작하여 '평천하'의 단계로 완성되는 과정이 개인인격→ 조직인격→ 사회인격→ 국가인격→ 지구촌인격이다. 지구촌인격이 완성될 때 인간은 지구촌의 주인으로서 인류에게 평안, 평등, 평화를 선물할 수 있는 것이다. 『대학』에서 말하는 〈격물〉 〈치지〉 〈성의〉 〈정심〉 〈수신〉 〈제가〉 〈치국〉 〈평천하〉의 8가지 조목이 리더십의 과정으로서 존재하는 까닭이다.

8조목을 '평천하'의 목표점에서 역순으로 설명하면 다음과 같다.

"온 천하에 평안, 평등, 평화를 구현 하고자 하는 사람은 먼저 자신의 나라를 바르게 돌보아야 하고, 자신의 나라를 바르게 돌보고자 하는 사람은 먼저 자신의 지역을 바르게 돌보아야 하고, 자신의 지역을 바르게 돌보고자 하는 사람은 먼저 자신의 몸을 바르게 닦아야 하고, 자신의 몸을 바르게 닦고자 하는 사람은 먼저 자신의 마음을 바르게 정하여야 하고, 자신의 마음을 바르게 정하고자 하는 사람은 먼저 자신의 뜻을 진실되게 하여야 하고, 자신의 뜻을 진실되게 하고자 하는 사람은 먼저 자신의 지식을 철저하게 궁구하여야 하고, 자신의 지식을 철저하게 궁구하고자 하는 사람은 먼저 사물의 이치를 과학적으로 분명하게 밝힐 수 있어야 한다." (平天下 治國 齊家 修身 正心 誠意 致知 格物)

8조목을 순서대로 '격물'의 출발점에서 설명하면 아래와 같다.

"사물의 이치를 확실하게 밝힌 뒤라야 자신의 지식이 지극해 지고, 자신의 지식이 지극해진 뒤라야 자신의 뜻이 진실해지고, 자신의 뜻이 진실해진 뒤라야 자신의 마음이 바르게 되고, 자신의 마음이 바르게 된 뒤라야 자신의 수신이 이루어지고, 자신의 수신이 이루어진 뒤라야 자신의 지역을 바로 잡을 수 있게 되고, 자신의 지역이 바로 잡힌 뒤라야 자신의 나라를 바르게 돌볼 수 있으며, 자신의 나라를 바르게 돌본 뒤라야 온 천하의 평안, 평등, 평화를 도모할 수 있는 것이다." (格物 致知 誠意 正心 修身 齊家 治國 平天下)

'격물'에서 시작하여 '수신'까지는 개인인격의 완성을 의미한다. 오늘날의 셀프 리더십(Self - Leadership)의 원류이다.

'제가'에서 시작하여 '평천하'의 달성은 사회인격의 유대와 섬기는 리더십의 완성을 상징한다. 오늘날의 서번트 리더십(Servant -Leadership)으로 발전한 근원이다.

개인인격의 완성으로 인간은 독립할 수 있고 사회인격의 완성으로 인간은 상생할 수 있다. 사회인격 완성의 최종과정인 '평천하'는 무력이나 폭력으로 세상을 평정하는 일이 아니다. 인간이 도덕적인 삶으로 얻을 수 있는 평안, 평등, 평화의 세계, 즉 대동사회(大同社會)를 지향하고 있는 것이다. 선비정신의 최종목표는 '평천하'이다. 현실세계의 평안, 평등, 평화를 지속적으로 유지하는데 선비정신의 최종목표가 존재한다.

퇴계는 선비정신을 크게 두 가지의 수행본령으로 나누어 생각했다.

하나는 개인인격 완성을 위한 수기(修己)의 본령이고 또 하나는 사회인격 완성을 위한 안인(安人)의 본령이다. 자신의 본성을 먼저 파악하고 그 본성을 부지런히 갈고 닦아 스스로 밝고 빛나게 하는 수양과 수행을 지속하는 것이 '수기'이고, 그런 다음에 타인으로 하여금 그 사람의 본성을 발견하도록 이끌어 주고, 그 본성을 널리 빛낼 수 있도록 섬기고 도와주고 배려해 주는 것이 '안인' 이다.

중요한 것은 자신이 다른 사람을 얼마나 도울 수 있는가 이다. 먼저 자신이 홀로 설 수 있어야 하고 홀로 설 수 있는 능력이 제고 되면, 그 다음은 섬기기 위해 일해야 한다. 우리가 이웃을 섬기고, 동료를 섬기고, 고객을 섬기고, 환자를 섬기고, 약자를 섬기고, 주민을 섬길 때, 우리의 조직과 우리의 사회는 존재의 이유를 가지게 된다. 퇴계는 짧은 기간의 벼슬에서 물러나 향리에서 70세로 작고할 때까지 평생을 '수기안인'의 자세로 주위의 모든 사람들을 섬기는 자세로 젊은 제자들을 키워내는 참 선비의 삶을 영위했다.

퇴계는 1501년 11월 25일 안동시 도산면 온혜리에서 진보 이씨 가문에서 태어났다. 퇴계가 태어난 지 일곱 달 만에 아버지가 돌아가고, 홀어머니 박씨 슬하에서 엄한 교육을 받으며 자랐다. 퇴계는 자신의 성장에 관하여 어머니의 묘갈명에 "나에게 가장 많은 영향을 끼친 분은 어머니시다" 라고 기록했을 만큼 어머니의 교육의 힘은 퇴계에게 큰 영향을 주었다. 어머니 박씨가 퇴계를 잉태했을 때 꿈에 공자가 대문에 와 있었다고 하여 태실(胎室)이 있는 온혜리의 노송정 큰 댁 대문을 성임문(聖臨門)이라고 불렀다.

퇴계는 여섯 살 때 이미 법도를 갖추어 매일 아침 혼자서 스스로 머리 빗질을 하고, 옷을 단정히 입었으며, 여덟 살 때는 형이 칼에 손을 베어서 피가 흐르는 것을 보고 자기 몸을 찢는 듯한 아픔을 느끼고 울 정도로 역지사지할 줄 아는 소년이었다. 퇴계는 열 두 살에 이미 글의 뜻을 깨치고 학문하는 방법과 자연의 원리인 이학(理學)을 터득했다. 열 네 살이 되자 퇴계는 호학지인(好學之人)으로 성장해 도연명(陶淵明)의 시를 좋아하고 그의 인격을 흠모했다. 열 아홉 살 때에는 영주 이원에 가서 의학강습을 받았고 20세 때는 용두산에서 역학공부에 몰두했으며 23세 때에는 성균관에 유학했다.

퇴계보다 8세 어렸던 하서(河西) 김인후는 성균관을 떠나는 퇴계에게 다음과 같은 시를 바쳤다.

"선생은 영남에서 빼어난 분이외다.

　문장은 이백과 두보와 같으시며

　글씨는 왕희지와 조맹부를 비기리다."


시골에 돌아온 퇴계는 다시 향시(鄕試)에 응시하여 수석의 영광을 차지했다. 퇴계는 35세 때 여주의 이순 목사를 만나 참동계(參同契) 수련법을 배웠다.

퇴계는 자연을 즐기고 수양하며 자득(自得)하는 도(道)를 닦았다. 그의 자성록(自省錄)에는 '요산요수는 인성을 기르는데 큰 뜻이 있다.'라고 수양의 원리를 해설 해 놓고 있다.

퇴계의 소백산 유산록에는 '나무들이 어려움을 참고 갖은 고생을 하며 싹이 자라 성장하는 데서 인간이 살아가고 물체가 자라 움직이는 원리를 발견하게 된다.' 라고 쓰여 있다. 퇴계는 진실로 산을 알고 산에서 배우며 산을 통해서 인성을 가르치려 애썼고, 산과 강, 자연을 아끼고 사랑해서 어울리는 이름을 지어주고 찾아내어 그것을 기록해 두는 데 시간을 아끼지 않았다.

어느 날 퇴계가 산에서 칠대수행(七臺修行)을 하고 돌아오자 그의 제자가 물었다. "선생님은 왜 밤낮 산에 가 있습니까?" 퇴계는 "꿈에 본 산천을 찾아가서 실지로 체험해 보고 싶었다. 선배 유학자들이 산수를 통해서 묘법을 함양했기 때문에 한 번 실험해 본 것이다. 신선이 노는 경지도 맛보고 싶었다."라고 대답했다.

퇴계의 공부방법은 선배 유학자들이 한 말을 그냥 그대로 믿으려 하지 않고, 무엇이든 자신이 직접 실험을 통하여 체득하고 확인하는 과정을 겪어보는 것이었다. 이러한 퇴계의 공부방법은 제자들의 교육에 살아 있는 교재가 됐고, 이론보다 실천을 중요시 한 그의 '실천성리학'을 수준높게 전진시킬 수 있는 힘이 되었던 것이다.

퇴계는 주로 낮에 독서를 하고 밤에 사색하기를 즐겼다. 제자들에게도 낮에 읽고 밤에 생각하는 주독야사(畫讀夜思)의 독서 법을 가르쳤다. 독서는 여러 가지 분야의 책을 되도록 많이 읽기를 권했다. 한 쪽으로 치우치지 말고 균형 있는 사색을 하기 위해 많이 읽고, 특히 문장만 달달 외우는 문장 위주의 독서는 도리를 깨닫고 실행방법을 터득하는 데는 좋지 않으므로, 글이 가르쳐 주는 의미를 깨닫고 깊은 뜻을 파악하여 원리를 터득하는 방법으로 의리의 독서를 반드시 겸해서 어떻게 하면 그것을 실행할 수 있을까를 궁리하고 공부하여, 실생활에서 실천해야 한다고 강조했다. 그리고 늘 배운 바대로 말하고 행동하며 한 순간도 착한 행실의 실천에서 벗어나지 않아야 한다고 강조했다.

퇴계는 34세 때 벼슬하여 관계에 진출하여 도합 13년 간 봉직했다. 퇴계는 46세 되는 해 3월에 장인 권질의 장례를 치르기 위해 휴가를 얻어 귀향했다가 병환으로 귀임하지 못하고 요양을 시작했다. 그 해 7월에 부인이 타계하자 돌아와 장례를 치른 후 하계마을의 동바위 곁에 양진암(養眞庵)을 짓고 장차 할 일을 설계했다. 퇴계란 호를 사용한 것은 이 때부터였다. 토계의 강 이름을 고쳐서 호로 삼은 것이다. 이듬해 안동부사의 임명을 받았으나 부임하지 않았다. 부인의 복이 모두 끝난 후 홍문관 응교직에 부름을 받고 상경했다가 이후 49세까지 한양, 단양, 풍기 등의 관가에서 거처했다.

퇴계는 너무나 청렴하여 그 때까지 집이 없었고 아들도 거처할 집이 없어 처가에 가서 살고 있었다. 아들이 이 때의 어려운 형편을 편지로 아버지에게 적어 올리자 퇴계는 다름과 같이 회신했다.

"네가 있을 만한 대가 없어서 처가에 있자니 그 어려움이 오죽 심하겠느냐! 매양 너의 편지를 보면 내 마음이 불안하기 짝이 없다. 그러나 그런 고생도 참고 견디는 자처지도(自處之道)를 알아야 하지 않겠느냐! 스스로 분수를 알고 천명을 기다려야 한다. 함부로 망령스럽게 거동하여 남의 비웃음과 조롱을 받는 실수를 저지르지 않도록 하여라. 빈궁은 선비의 떳떳한 일이거늘 너무 부끄럽게 여기지 말아라. 어려움을 참고 견디면서 하늘을 믿고 인간이 할 도리를 잘 지켜 순리에 맞게 대처하는 것이 옳으니라…"

퇴계는 아들에게 선비의 바른 길을 가르치고 달관의 세계를 체험하도록 하여 인내와 수양으로 고난을 극복하는 삶을 스스로 터득하게 했던 것이다.

퇴계는 50세 때 관계를 떠나 계상에 한서암(寒棲庵)을 지어서 정착했다. 더 이상 임금의 부름에 응하지 않고 다음과 같은 시로 심경을 읊었다.

"분수대로 살고 싶어 벼슬에서 물러나

학문하러 돌아오니 나이 이미 늙었구나

시냇가에 집을 짓고 거처를 정하여

사람의 할 도리를 날로 더욱 힘쓰리라."

바람과 비를 겨우 피할 수 있는 한서암에서 짚자리와 갈대를 깔고 미투리신에 대나무 지팡이를 짚고 사는 퇴계의 검소한 생활을 보고 제자들은 많은 감동을 받았다. 퇴계는 학문의 즐거움으로 살고 자연과 대화하는 것을 삶의 소중한 낙으로 삼았다. 이듬해에 퇴계는 계상서당(溪上書堂)을 열고 자신을 찾아 오는 제자들의 교육을 맡았다. 그로부터 7년 후인 58세 때 23세의 율곡 이이가 찾아와 배우고 입문한 곳이 바로 이 계상서당이었다.

율곡이 방문했을 때 마침 3일간 비가 내렸다. 율곡은 금강산에서 하산 하여 평소 존경해 오던 대학자께 인사를 드리려고 왔다가 비에 갇혀 유숙하기로 하고, 퇴계에게 자신의 갈 길을 인도받았다. 퇴계는 율곡의 재주를 높이 평가하여 학문에 정진할 것과 도학에 큰 기둥이 되라고 신신 당부했다. 퇴계는 율곡이 강릉에 돌아 간 후에도 시와 편지를 보내어 학문을 게을리 하지 말기를 바라는 자신의 기대를 전했다.

　퇴계가 율곡에게 전한 편지에는 다음과 같은 시가 들어 있었다.

　"너무 늦게 돌아와 할 일이 아득하더니

　　고요한 이 곳에도 햇빛이 비쳤음인가!

　　찾아온 자네 만나 학문의 바른 길을 가르쳤네.

　　학문 길 힘겹지만 탄식 않고 나아가면

　　외진 이 산골을 찾아온 일이 후회되지 않으리!"


　계상서당에 찾아가서 율곡이 퇴계를 스승으로 모시고 도학을 이어서 후세에 전하겠다는 다짐을 하며 선생께 드린 시는 다음과 같다.

　"시냇물은 수사(洙泗)에서 나뉜 가닥이고

　　봉우리는 무이(武夷)를 이었습니다.

　　학문을 닦으면서 살아가시니

　　이룩한 도덕이 이 한 방에 가득합니다.

　　뵙고 싶던 회포를 푸니 구름 속의 달 보듯 머리 트이고

　　웃음 섞인 말씀 듣고 나니 어리석은 저의 생각이 바로 잡힙니다.

　　소생이 와서 뵌 뜻은 도학을 받잡고자 함이었으니

　　시간을 헛되이 보내셨다고 생각하지 마옵소서.

　　스승님의 도학을 이을 각오를 한계수 받들어 마시고

　　저의 간에 새겨 맹세합니다."

　(주: '수사'는 산동성에 있는 지명으로 공자를 상징하고, '무이'는 복건성에 있는 지명으로 주자를 상징함)

　퇴계는 단칸방에서 검소하고 조촐하게 살기를 원하여 한평생을 그렇게

살았다. 그러나 그렇게 작은 방안에서 그는 우주를 통찰해 봤고, 나라의 동량이 될 큰 인물을 키워냈으며, 국가의 기강을 바로잡으려는 학자로서의 모범을 보였고, 천고에 기리 남을 사교육을 이뤄냈다. 특히 퇴계는 자기를 찾아오는 스님을 위해 작은 방을 별도로 만들어 두고 하시라도 편히 묵을 수 있게 배려했다.

퇴계가 제자들에게 가장 강조한 것은 '입지'(立志)였다. 뜻을 세우는 일이 제일 중요하다는 것이었다. 그는 입지의 중요성을 입버릇처럼 강조했다. 뜻을 세우는 일은 모든 일의 시작으로 생각했다. 퇴계는 뜻을 세움에는 마땅히 성현을 목표로 하고, 털 끝만큼도 자신이 못났다는 생각을 해서는 안 된다고 말했다.

공자는 15세 때 학문을 하겠다고 입지하여 목표와 계획대로 자신의 일생을 성공시켰다. 퇴계는 16세 때 학문을 알게 되어 학문하기로 작정했다고 그의 제자 학봉 김성일은 기록하고 있다. 퇴계가 성리학을 만난 것은 숙부가 보던 서가의 책 속에서 '성리대전'을 우연히 발견하고 빌어다 읽은 것이 계기가 되었다. '성리대전'은 성리학을 총망라 해 놓은 70권(송나라 도학자 120여명의 학설을 채집)을 13부류로 분류해 놓은 방대한 총서 중에서 원전 9종을 따로 모은 책을 말한다. 퇴계가 접한 원전 9종은 주돈이의 태극도설 1권, 통서 2권, 장재의 서명 1권, 정몽 2권, 소옹의 황극경세서 7권, 주희의 역학계몽 4권, 가례 4권, 채원정의 율려신서 2권, 채침의 홍범황극 내편 2권 등 총 6인의 9종이었다.

이외에도 퇴계는 오경대전, 사서대전, 주자전서 등을 끊임없이 독파하고 사색에 정진하였다. 퇴계는 스승과 친구의 도움도 없이 독학으로 그 심오한 성리학을 탐구해 나가다가 병을 얻어 몸이 쇠약해졌다. 밤낮으로 공부하고 사색하느라 잠을 편히 자지도 않아 마음의 병도 생겼다. 몇 번이나 학문을 그만 두고 싶었다. 하지만 자신이 맡아서 꼭 해야 할 일은 학문이며 이것은 자신의 사명이라 느꼈다.

퇴계는 몸이 쇠약해 지자 제자들에게 다음과 같이 얘기한 일이 있었다.

"내가 젊을 때부터 이 학문에 뜻을 두어 기어코 뚫어내겠다는 마음은 병이 되었고, 공부를 하다가 몇 번 건강을 해쳐서 그만 폐인이 되고 말았네. 늘그막에 다시 깨닫고 이 큰 사업을 계속하였으나 너무 늙고 쇠약해 버려 뜻을 이룰 수 있을지 참으로 걱정일세."

하지만 퇴계는 건강을 해쳐가면서도 자기가 세운 뜻을 이루기 위해 더욱 탐구하고 정진하기를 계속했다. 특히 주자학을 깊이 연구하여 이해함으로써 주자가 아직 도달하지 못한 심오한 학문의 경지에 들어가기 위해 심학(心學)의 근원과 심법(心法)의 오묘함에 대해 독창적인 심경(心經)연구를 통해 완성시켰다.

퇴계는 '역학계몽'을 연구해서 주자가 잘못 해석한 부분을 수정하고 사람들이 이해하기 쉽게 다시 해석한 '계몽전의'를 완성했다. 그리고 주자가 집대성한 성리학을 더 발전시키는 작업에 몰두했다. 퇴계는 지식자체에 목적을 두지 않았다. 그가 가장 중요시 한 것은 인간의 실질적인 생활과 실생활에서의 실천이었다.

학자가 날마다 탐구하고 공부하는 이유는 몸을 닦고 스스로 체험하여 모범적으로 실천하기 위해 하는 일이지, 입으로만 이치를 논하기 위해 공부하는 것이 아니다. 그 날 공부한 것을 마음과 몸으로 모두 실천하는 것이 참된 학자이며 참된 학문하는 방법이라고 제자들에게 얘기했다 퇴계는 주자나 육상산보다 일보 전진하여 도덕윤리를 실천하였고 성인의 가르침을 일상생활에 실행하는데 있어서는 그 누구도 퇴계를 따라갈 만한 학자가 없었다.

퇴계가 쓴 글 중에서 기록에 남아 있는 것은 소학강론, 사서석의, 삼경석의, 계몽전의, 서명고증강의, 통서강독 등 수많은 주석강의가 있고, 이외에도 주자에 대해서 연구한 주자서절요, 그리고 도산기, 자성록, 고경중마방, 백록동 학규, 송계원명이학통록, 성현도학연원록, 독서설해, 예설강해, 매화시첩, 도산십이곡, 성학십도 등이 있다.

퇴계는 학문의 준칙을 경(敬)과 의(義)를 굳게 지니고, 지(知)와 행(行)을 병진시켜, 표리(表裏)가 다르지 않고 본말(本末)이 틀리지 않도록 대원(大原)을 통찰하는 것에 근본을 두었다.

퇴계는 자기의 학문을 위기지학(爲己之學)이라 규정하고, 학문하는 사람은 결코 위인지학(爲人之學)을 해서는 안 된다고 말했다. 인간이 마땅히 해야 할 도리로서의 지(知), 덕(德), 행(行)를 실천하고 궁행하기 위해 하는 학문을 위기지학이라고 말한다. 이는 군자가 될 수 있는 학문이다. 깊은 산골의 풀섶에 있는 난초처럼 스스로 알리지 않더라도 종일 향기가 나서 저절로 남에게 알려지는 것을 말한다. 위인지학이란 지 덕 행의 실천생활을 떠나 오직 아는 것은 있으나 덕성은 없고 더구나 실행은 하지 못하면서 밖으로 허식, 허영을 부리고, 남에게 자기를 알리는데 힘쓰고, 자기의 이름과 명예를 추구하기 위해 학문하는 것을 말한다. 퇴계는 자신이 위기지학을 하기 위해 힘썼고 제자들에게도 위기지학을 추구하라고 교육했다.

하버드 대학의 두 웨이 밍 교수를 비롯한 후세의 사람들이 퇴계야말로 동양철학사상을 새롭게 집대성한 대학자이고, 동양철학의 새 역사를 창조하는 전기를 만들었다고 칭송하는 이유이다.

퇴계의 학문은 동아시아 철학사상의 밑뿌리가 됐다. 미국, 일본, 중국에서도 '퇴계철학'은 더욱 진전되고 발전해 나가고 있는 것이다.

율곡이 스승 퇴계를 받들어 쓴 이야기를 소개하면 다음과 같다.

"을측년 12월, 선생께서는 젊을 때부터 도학에 뜻이 있었으며 만년에는 학문을 좋아하셨고, 벼슬은 즐기시지 않아 예안에 물러가 계셨지만, 이 때 백성은 태산이나 북두칠성같이 우러러 보았다. 윤원형이 죽자 사람들은 선생께서 나오셔서 덕치를 해주기를 간절히 희망하여 임금님께 아뢰었더니 소명을 내리셨다. 모든 사람이 매우 기뻐하였다.

병인년 4월, 이 선생께서 병환으로 사퇴를 하시고 상경치 않으셨다. 그럴수록 임금의 중망은 더욱 두터우셨다. 목동과 거리를 지나는 사람까지 선생의 명성을 공경치 않는 이가 없었다. 모두들 선생의 모습이라도 한 번 뵙기를 원했다.

정묘년 7월, 이 선생께서 판서의 발령을 받으시고도 도를 지키고 산중에서만 계시니 사람들의 존경이 날로 더해갔다. 임금께서 부르시니 오셨다. (중략) 내가 선생을 뵙고, '만약 선생께서 경연의 윗자리를 지키고만 계시어도 큰 득이 있습니다. 남을 위하여 좀 계셔 주옵소서.' 하고 부탁 드렸다. 그래도 떠나시려 하므로 선생께서 조정에 계시면 설사 별로 하시는 일이 없다 하더라도, 임금의 마음에 의지가 되어 든든할 것이며, 백성들도 모두 기뻐하고 의지하게 됩니다. 이렇게 되면 의를 남에게 미치게 하는 것이 아닙니까? 하고 간곡히 아뢰었다."

하버드 대학의 두 웨이 밍 교수는 퇴계를 다음과 같이 평했다.

"퇴계는 주자의 교훈이 똑똑하고 명백하다고 주장하고 있다. 퇴계와 같은 인물에 있어 그 주된 관심은 본원지지(本源之地)의 함양에 있다. 정치적 책임감을 비롯해서 그 밖에 것의 경중에 대해서는 적절한 평가가 있어야 한다. 퇴계의 심중에 우선하는 것은 시간과 정세가 '위기지학'을 할 수 없게 하는 위기를 어떻게 극복할까에 있었던 것이다. 1559년의 이학통론 완성이나 1560년 도산서당 설립, 수년 간에 걸친 사칠논변(四七論辨) 등은 동아시아 유학사상에 있어서 가장 중요한 사건이었고, 퇴계의 존재를 가장 뚜렷하고 결정적으로 구체화할 수 있었다. 또 퇴계는 전형적인 선생이었기 때문에 더욱 벼슬하는 관직 자로부터 존경을 받았고, 겸양한 태도는 누구에게도 비방을 받지 않았으며, 그의 인격의 특성은 매우 사랑 받았다. 1558년에 정계를 떠남으로 이학(理學)을 체계적으로 연구할 수 있었고, 조선시대의 탁월한 주자 해석가가 된 것이다. 그래서 퇴계는 대유학자가 될 수 있었다. 퇴계가 무진육조소와 성학십도를 지어올린 것은 젊은 선조에게 유학의 근원을 가르치려는 목적이었지만, 그 뒤 300여 년 동안 한국유학의 근본 교과서가 된 것이다."

　일본의 츠쿠바대학의 다카하시 스스무 교수는 퇴계가 이뤄낸 공적과 퇴계 철학의 중심사상에 대하여 다음과 같이 평했다.

　"조선 전기에 있어서 경(敬)의 개념은 이퇴계에 이르러 그의 인생관, 세계관과 함께 철학체계의 중핵을 경철학(敬哲學)으로 성립시키고 있다. 이는 마침내 일본의 에도시대 초기에 전달되어 수용되었고, 이에 따라 신유학은 경사상을 중심으로 정착하고 개성을 가지고 전개해 갔다. 종래 신유학은 주자에 의해 집대성되었다고 하였지만, 내가 동부 아시아에 있어서의 신유학의 지역적 전개(중국-한반도-일본)를 개관해보니, 이퇴계가 경철학을 확립하고, 신유학을 더욱 개성적이며 실천철학으로서 체계적인 재 집대성을 이룩한 사상가였다는 사실을 알게 되었다."

도쿄 메지로 대학의 다카하시 총장은 퇴계 철학의 전개와 그 영향에 대하여 다음과 같이 평했다.

"경(敬)에 의한 인간의 실존적 주체성 확립을 강조한 이퇴계 사상은 마침내 이율곡에 이르러 '경(敬)에 의하여 성(誠)에 달한다'는 상상으로 전개되어 갔다. 그리고 이퇴계의 학문과 인간을 존중해서 퇴계 학문을 수용하여 에도초기에 신유학을 정착시킨 일본의 후지와라 세이카, 하야시 라상, 야마사키 안사이, 사토 나오가타 같은 유학자들은 일제히 경을 중심으로 한 사상을 확립하였다. 경(敬) 중심의 유학사상의 전개는 이퇴계 철학의 영향을 무시하고는 이야기가 되지 않는다."

청나라 말기 중국의 대표적 사상가 양계초는 다음과 같이 퇴계를 찬양하였다.

"높디 높으신 우리 이 선생님

옛을 잇고 후세를 열어 고금을 꿰뚫어 주셨습니다.

열 폭 그림으로 이학요결(理學要訣) 전하시어

백세에 길이 길이 성인 마음 펴셨습니다.

학문과 예술은 주자를 따르시었고

우주관과 깨끗하심은 주렴계에 비기겠습니다.

높은 덕성 넓은 교화가 삼백 년 뒤 오늘까지 미쳤으니

온 세상 인류들이 뉘 아니 공경하오리까!"

퇴계는 68세 때 17세의 임금 선조를 위해 『성학십도』(聖學十圖)를 지어서 올렸다. 본래 성학(聖學)의 개념은 덕으로 나라를 다스리는 제왕학, 인간교육의 핵심, 사람이 성인이 되게 하는 학문, 왕으로 하여금 성왕(聖王)이 되게 하는 학문 등을 말한다. 『성학십도』를 만들어 올린 두 달 뒤에 1569년 3월 초 퇴계는 조정을 떠났다. 떠나기 전 하직 인사차 선조에게 가서 "평소 경연에서는 말을 잘 못해 설명을 상세히 못하였기 때문에 성학십도를 정리해 올렸으니 항상 유의하여 공부해 주십시오" 하고 부탁하였다. 『성학십도』는 퇴계가 마지막으로 나라에 보국하는 심정으로 작성하여 임금이 어진 제왕이 되어서 나라를 잘 다스려 주기를 원하고, 십도의 보급과 교육을 통해 과거공부의 학풍을 바꾸고, 모든 백성들의 인격을 수양하여 도덕을 실천시키기 위한 것이었다.

퇴계는 임금에게 『성학십도』를 만들어 올리면서 다음과 같이 그 동기를 밝혔다.

"돌아 보건대 신은 학문과 경술이 거칠고 엉성하며 말도 잘 못하고 거기다 병까지 겹쳐서 경연 입시도 자주 못하고 겨울에는 추워서 아주 폐하고 말았습니다. 신의 죄는 만 번 죽어 마땅하오이다. 당초에 글을 올리고 학문을 논한 말씀이 전하의 뜻을 감발시키지 못하였고, 그 뒤 모시고 직접 올린 말씀도 전하의 총명을 도와드리지 못하였습니다. 옛날에 현인군자들이 성학을 밝히고 심법을 터득하고 설명하여 도에 들어가는 문과 덕을 쌓는 바탕으로 보여 준 것이 있으므로 이것을 정리하여 올립니다."

퇴계의 『성학십도』에는 그의 경철학(敬哲學)과 천인합일(天人合一)사상이 잘 정리되어 있다. 특히 하늘과 인간을 별개로 보던 옛 학자들의 천인관을 바꾸어서 '하늘과 사람은 상응'하고 '하늘이 진리이며 동시에 하늘과 사람은 일체'라는 퇴계의 천명사상(天命思想)이 들어 있다. 퇴계는 열 폭 종이의 십도 안에 유학의 근본원리와 수양방법을 총망라했다. 우주의 존재론, 세계관, 경철학의 논리를 이해하기 쉽게 그림과 해설을 곁 드려 요약해 놓았다.

『성학십도』의 구성은 총 10도 이며 내용은 아래와 같다.

제1도 태극도(太極圖)

제2도 서명도(西銘圖)

제3도 소학도(小學圖)

제4도 대학도(大學圖)

제5도 백록동규도(白鹿洞規圖)

제6도 심통성정도(心統性情圖)

제7도 인설도(仁說圖)

제8도 심학도(心學圖)

제9도 경재잠도(敬齋箴圖)

제10도 숙흥야매잠도(夙興夜寐箴圖)

성학십도 중 제 1도에서 제 5도 까지는 천도(天道)에 근본을 두어서 인륜을 밝히고 덕업에 힘쓰는 데 공이 있는 것이라 했고, 제 6도에서 제 10도 까지는 심성(心性)에 근원을 두고 있으며 일상생활의 실천에 힘쓰고 경외를 높여야 한다고 했다. 퇴계의 일생은 근검절약의 삶이었다. 퇴계는 항상 자신을 낮추었다. 낮은 곳으로 더 낮은 곳으로 흘러가서 종내에 큰 강을 이루고 대해를 만드는 물과 같은 삶이었다. 제자인 기대승과 9년 여에 걸쳐 100여 통의 편지를 교환하며 격렬한 토론을 하여 정리한 사단칠정론(四端七情論)은 성리학의 실천방법을 궁리하고 연구한 결정적 이론이다. 퇴계는 실천할 수 없는 이론은 인간의 삶에 도움이 되지 않는다고 생각했다. 학문을 좋아하는 퇴계는 학문하는 사람을 좋아하고 존경했다. 비록 그의 제자일지라도 제자의 학문에 취할 점이 있으면 그를 높여주고 경애하였다. 제자의 이름을 부르지 않고 상대를 높여 자(字)를 불렀다. 또 제자의 자가 없을 때는 그의 자를 지어주고 시행했다. 아무리 어린 제자라도 상대의 인격을 존중하였다. 제자를 어느방향으로 인도하고 싶으면 잠언과 옛성현의 가르침을 써 주고 확실한 삶의 목표로 삼게했다.

퇴계의 인간평등사상은 향리에 돌아와 향민과의 교류를 통하여 절실히 나타났다. 농촌마을에는 양반, 중인, 상민, 천민이 뒤섞여 살았다. 여러계층의 사람들이 교류하며 같이 숨쉬며 사는 곳이 농촌이다. 당시의 국법은 엄했다. 양반과 중인, 중인과 상민, 상민과 천민 사이에는 먼저 절하고, 먼저 다가가고, 먼저 물러가고, 먼저 하마(下馬)해야 하고, 먼저 승마(乘馬)해야 하고, 옷을 걸칠 때 의복도 다르게 입어야 하고, 칭호가 다르고, 앉는 자리가 다르고, 허물이 있을 때는 매질하고, 중인은 유학(幼學: 유가의 학생계급)의 칭호를 쓰지 못하게 하는 등 오늘날의 사회기준으로 볼 때 있을 수 없는 지배자와 피지배자 간의 위화와 반목이 들끓는 세상이었다. 이런 향촌사회에서 퇴계는 도학적 치국을 실천했다. 퇴계는 양반, 중인, 상인, 천인을 차별하지 않았다. 누구에게나 똑 같은 신분으로 대했다. 어떤 손님이 오더라도 모두 뜰아래에서 맞았다. 자기의 신분이 높고 나이가 많다고 해서 자신을 높이는 일이 전혀 없었다.

문도들이 퇴계의 예법에 당황하여 물었을 때 퇴계는 다음과 같이 대답했다.

"사람을 대할 때는 마음속에 오만함을 미리 갖고 홀대해서는 옳은 도리가 아니다. 특히 요새 사람들은 천한 사람이나, 높은 자리에 있는 사람이나, 궁하고 약하다고 취급당한 사람이나, 그 언행이 모두 흐릿해서 사람을 구별할 도리가 없으니, 누구는 존경하고 누구는 홀대하겠는가?" 라고 하며 자신의 대인예우의 기본자세에 대하여 설명했다.

퇴계의 인권사상에는 계급의식이 없었다. 퇴계가 사람을 존중하는 도(道)에는 평등이 있을 뿐이었다. 이렇게 퇴계철학은 인본주의 이념을 바탕으로 하고 있다. 오늘날 민주주의 인권사상이 퇴계철학의 기본사상이었다. 퇴계는 인간평등철학을 향촌의 땅에서 오백 여년 전에 묵묵히 실천했던 것이다.

퇴계는 교육에서도 인본주의를 실천했다. 풍기군수로 있을 때 유생들과 함께 천민 대장장이 였던 배순(裵純)을 직접 가르쳤다. 배순은 노모에게 효성이 지극하고 인품이 착했다. 배순은 학문을 좋아했다. 하지만 천민이라 퇴계가 가르치고 있는 백운동서원에 다닐 수가 없어서 마루아래에서 엿듣고 배웠다. 이를 발견한 퇴계는 그를 불러들여 직접 가르쳤다. 1년 여 만에 퇴계가 풍기를 떠났을 때 그는 스승의 철상(鐵像)을 만들어 모시고 독학을 계속했다. 20여 년 뒤 퇴계가 세상을 떠나자 배순은 철상을 모시고 삼년상 복을 입고 제사를 올렸다. 배순의 사적비에 기록이 있어서 세상에 알려진 일화다.

남명 조식의
선비정신

●●● 조선에는 수많은 참 선비들이 살았다. 그 중에서도 철저한 자기절제로 일관하여 불의와 타협하지 않고 산림으로만 살았던 남명(南冥) 조식(曺植 1501-1572)에 대하여 잠깐 살펴보자.

조식은 '이'와 '기'에 대한 이론적 논의보다 더 중요한 것은 실천이라고 강조했다. 그는 '이'와 '기'의 논의가 한창 펼쳐지고 있을 때 토론에 참여할 것을 사양하고 한발 비켜 서 있으면서 자신의 실천학문을 수련하는데 주력했다. 조식은 '실천성리학'의 대가다.

조식은 연산군 7년(1501년)에 태어나 19세 때 산 속의 절에서 독서하다가 조광조의 죽음을 들었다. 숙부 언경도 이때 연루되어 죽음을 당하는 것을 보고는 어진 사람들이 간신배에 몰려 경륜을 펴지 못하는 세상을 슬퍼하였다.

조식은 산 속에서 공부를 계속하다가 책 속에서 유학자 허형(許衡)이 "벼슬에 나아가서는 이룬 일이 있어야 하고, 물러나 있으면서는 지조를 지켜야 한다. 벼슬에 나아가서도 이룬 일이 없고 물러나 있으면서도 아무런 지조가 없다면, 뜻을 둔 것과 배운 것이 장차 무슨 소용이 있겠는가?" 라고 말한 구절을 보고 크게 깨달았다.

그는 과거공부를 하라는 어머니를 설득하여 과거를 포기하고 오직 경전 읽기에 집중하여 자신의 덕행수련과 학문에만 정진했다. 조식은 38세 때, 48세 때, 51세 때 55세 때, 각각 벼슬에 제수되었으나 모두 나아가지 않았다. 그러다가 66세 때 을사사화로 유배되었던 선비들이 다시 조정에 돌아올 즈음 임금의 부름이 여러 번 있자 군신의 도리를 밝히지 않을 수 없다고 생각하여 처음으로 대궐로 들어가서 사정전(思政殿)에서 임금과 독대하였다.

당시의 임금 명종이 조식에게 나라 다스리는 도리를 묻자 조식은 다음과 같이 대답했다.

"첫째는 정치의 근본이 되는 임금자신이 인격을 도야하고 학문에 힘쓸 것입니다. 둘째는 정치제도를 혁신하여 부패를 물리칠 것입니다. 셋째는 새로운 인재를 등용하는데 성의를 보일 것입니다." 하지만 임금은 조식의 건의에 대하여 별로 탐탁하게 여기는 얼굴이 아니었다. 이에 조식은 곧 명종이 무슨 일을 해 낼만한 임금이 아님을 간파하고는 곧바로 돌아왔다.

조식이 67세 때, 어린 나이로 왕위에 오른 선조가 두 차례에 걸쳐 다시 불렀으나 나아가지 않았다. 68세 때 역시 부름을 받았으나 나아가지 않았다. 그 대신에 역대 임금이 나라를 다스림에 실패한 사례를 지적하고 "나라 다스림의 길은 다른데 있는 것이 아니라 임금 자신이 학문과 인격을 닦는 데서 시작되어야 합니다." 라는 상소를 올렸다.

조식은 72세에 일생을 마쳤다.

그가 죽은 후 선조로부터 대사간에 추증 되었고 이어 광해군으로부터 문정공의 시호가 내려지고 영의정에 추증 되었다. 조식은 조정의 부름을 평생 받았으나 조정의 벼슬을 평생 사양한 인물로 오직 산림으로써 선비사상을 실천한 참 선비였다.

조식은 공허하게 될 소지가 다분한 이론적 탐구보다 현실적 문제를 직시하여 이를 해결하기 위한 사회적 실천을 늘 강조했다. 이는 우학이 갖고 있는 핵심명제인 수기치인(修己治人)을 중시한 것으로 스스로 인격을 도야하는 실천지향의 선비사상을 강조한 것이다.

자신이 먼저 수양하여 타인을 구제한다는 수기치인(修己治人)의 실천사상은 그 후 자신이 먼저 수양하여 타인을 평안하게 해준다는 수기안인(修己安人)의 실천사상으로 발전했다. '수기치인'은 타인을 구제한다는 의미가 강하고 '수기안인'은 타인을 편케 하기 위해 봉사하고 섬기고 헌신한다는 의미가 강하다.

조식이 강조한 것은 '경'(敬)과 '의'(義)였다. 이는 역경(易經)에 있는 '경이직내 의이방외'(敬以直內 義以方外: '경'으로써 안을 곧게 하고 '의'로써 밖을 반듯하게 한다.)라고 한 말이 그 출전이다. 수많은 성리학자들이 이 가운데 '경'을 적출하여 심성수양의 요체로 삼았으나, 조식은 '경'과 '의' 둘을 다 뽑아서 '경'은 내적 수양과 관련시키고 '의'는 외적 실천과 관련시켰던 것이다.

조식은 그가 기거한 산천재의 벽과 창문 사이에 이 두 글자를 써 두고 "우리 집에 '경'과 '의' 라는 이 두 글자가 있는 것은 마치 하늘에 일월이 있는 것과 같아서 영원토록 바뀌지 않을 것이니, 성현의 온갖 말씀이 모두 '경'과 '의'라는 이 두 글자를 넘어서지 않는다" 라고 까지 말하였다.

조식은 그가 항상 차고 다니던 칼에 '내명자경 외단자의' (內明者敬 外斷者義: 안으로 마음을 밝히는 것은 '경'이요, 밖으로 행동을 결단하는 것은 '의'다.) 라는 글을 새겼다. 내적 수양을 통한 사회적 실천의 결연한 의지를 볼 수 있는 행위이다.

조식은 비록 평생 조정에 나아가서 벼슬을 하지 않았으나 산림에 묻혀 조정에 '바른 길'의 상소를 올리고 제자들을 몸소 키워내는 일에 심혈을 기울였다. 그는 평생 선비의 멋과 매력을 간직하며 단아하고 진솔한 삶의 향기를 주위에 내뿜는 삶을 산 참 선비였다.

조식의 올곧은 기상은 그의 목숨을 건 상소문에 잘 나타나 있다. 외척의 척신정치가 정점을 이루고 있던 명종 임금 (재위1545-1567) 때의 일이다. 명종이 12살에 즉위하자 문정왕후는 수렴청정을 하면서 전권을 후둘렀고, 문정왕후의 동생 윤원형의 권력이 하늘을 찌를 때에 조식은 다음과 같은 상소문을 올렸다.

"전하의 국사(國事)는 이미 글러먹었고, 나라의 기반이 이미 무너졌으며, 하늘의 뜻은 이미 떠나고, 백성들의 마음도 이미 멀어졌습니다...말단 관리들은 아래에서 시시덕거리며 주색이나 즐기고, 고관들은 위에서 어물거리며 뇌물을 챙겨 늘리는 데만 골몰하고 있습니다. 백성들의 고통은 아랑곳하지 않은 채 궁궐의 신하들은 파당을 심어 안에서 피 터지게 싸우고, 지방의 관리들은 백성들을 착취해 밖에서 이리처럼 날뛰니, 살갗이 닳아버리면 터럭이 붙어 있을 수 없다는 것을 알지 못합니다...자전(慈殿)은 생각이 깊지만 구중궁궐의 일개과부에 지나지 않고, 전하는 나이 어린 일개 고아일 뿐입니다. 천재(天災)가 수없이 일어나고 민심이 끝없이 갈라진 것을 무엇으로 감당하고 무엇으로 수습할 수 있겠습니까?..."

1555년(명종10년) 11월 경상도 단성에서 올린 선비 조식의 상소문은 나라의 정치가 엉망이라 백성들의 고혈이 다 빨려버린 현실에 대한 추궁이 신랄하다. 무엇보다 놀라운 것은 명종의 어머니로 당시 수렴청정을 하고 있던 최고권력자 문정왕후(1501-1565)를 '궁중의 일개 과부'로 호칭하고, 국왕 명종을 '일개 고아'라고 지칭한 점이다. 국정을 농단하고 있던 문정왕후와 그 왕후에게 휘둘려 정신을 못 차리고 있던 명종에게 그야말로 직격탄을 날린 셈이다. 목숨을 내놓지 않으면 도저히 입밖에 낼 수 없는 말이다. '살신성인', '

거의소청', '극기복례', '법고창신', '솔선수범'의 선비정신 없이는 도저히 상소할 수 없는 상소문인 것이다.

　요즘 사람들은 흔히 지위가 높거나 재산이 많은 사람들을 가리켜 사회지도층이라고 부른다. 그런데 사회지도층이라는 사람들이 오히려 도덕윤리성이 심하게 결여되어 있다. 또 사회지도층이라는 사람들이 위법을 해서 국민들에게 회자되는 것을 보면, 사회적 지위가 높고 재산이 많다고 해서 곧바로 사회지도층이 되는 것이 아니라는 것을 알 수 있다.

　사회지도층이란 지위와 돈으로 얻어지는 계층이 아니다. 지위와 돈과는 관계없이 선비정신을 체득하여 실천하고 있는 사람이라야 사회지도층이라고 말할 수 있다. 선비는 지위나 돈과 관계없이, 사람들이 본받을 만한 소양, 교양, 학식을 겸비하고, 자신의 위치에서 스스로 해야 할 의무와 책임을 솔선수범하여 많은 사람들이 따라 할 수 있는 공동선을 많이 창조한 사람이다. 오늘날 이 시대의 진정한 국가 지도자가 되려면 무엇보다 법률차원 이전의 도덕적 차원에서 스스로 맑고 밝은 내면의 빛을 발휘할 수 있어야 하고, 더 나아가 타인의 맑고 밝은 빛을 이끌어낼 수 있어야 한다. 그리하여 공동체를 위해 함께 만드는 공동선으로 우리사회를 만들어 갈 수 있는 역량을 발휘할 줄 알아야 하는 것이다.

　사람은 누구나 자신에게 이익이 되는 일을 좋아한다. 선비도 마찬가지였을 것이다. 하지만 보통 사람들이 개인의 이익을 위해 노력했다면, 선비는 자신의 욕심을 이겨내고 더 많은 사람의 이익을 먼저 생각하는 습관을 배양했다. 이것이 바로 '극기복례'의 〈선비정신〉이다. 개인의 사욕을 이겨내고 옳은 일을 선택하는 것은 참으로 어려운 일이다. 하지만 인간은 누구나 이기심과 함께 이타심을 동시에 소유하고 있다. 이기심을 줄이고 이타심을 늘리는 행위는 교육을 통해서 가능하다. 이기심이 최소한으로 줄어 들고 이타심이 최대한으로 확장됐을 때 우리는 선비가 될 수 있는 것이다.

선비가 자랑스러운 이유는 바로 다른 사람이 하기 어려운 일을 해 낼 수 있는 〈선비정신〉을 삶에서 구현할 수 있었기 때문이다. 오늘날처럼 자신의 이익만을 지나치게 추구하기 위해 온갖 권모술수를 부리고 있는 작금의 정치가를 비롯한 사회지도층들을 볼 때, 우리의 전통 속에 살아 있는 〈선비정신〉이 우리사회에 절실하게 요청되고 있는 시점이다.

선비는 자신이 학문을 연마하는 가운데서 얻은 소신을 거침없이 주장할 수 있는 사람이다.

때문에 자신의 신념에 어긋나는 언행을 강요 받을 수도 있는 관직을 탐낸다면 그런 사람은 선비라고 할 수 없다. 선비란 출세나 권력이나 명예보다 자신의 신념, 가치관, 인생관을 언행의 중심축으로 삼고 사는 사람이다. 설사 벼슬을 얻었다고 해도 자신의 신념을 굽히지 않아야 하며 윗사람에게 아부하지 않고 소신과 사명감으로 행동하는 사람이어야 한다. 선비란 결코 벼슬을 탐내거나 명예와 재물에 눈이 먼 사람이 되어선 안 된다.

세상을 잘 살게 하기 위해 벼슬을 하는 사람과 자기가 잘 살기 위해 벼슬을 하는 사람의 행동이 같을 순 없다. 예나 지금이나 무대가 바뀌어도 달라지지 않는 이치이다. 속유적 가치관으로 전락한 가짜 선비와 평천하의 기개를 실천하려는 진짜 선비는 확실히 구분 된다. 속유와 진유의 싸움은 의견대립으로 붕당을 만들었고 붕당은 정적을 만들기도 하였다. 그리하여 속유를 훈구세력으로 진유는 사림세력으로 구분하는 관점도 생겨났다. 어쨌던 선비들이 자신이 속한 학파에 따라 서로 갈라져서 만들어진 붕당은 전제군주시대에 최고권력을 견제하여 독선을 제어하고 애민정치를 실시하는데 상당한 영향을 미칠 수 있었다고 평가된다. 따라서 조선후기 선비들의 붕당은 오늘날 대의정치의 정당역할이 하고 있는 정치적 기능을 제한적으로 발휘하였다고 해석될 수 있는 것이다.

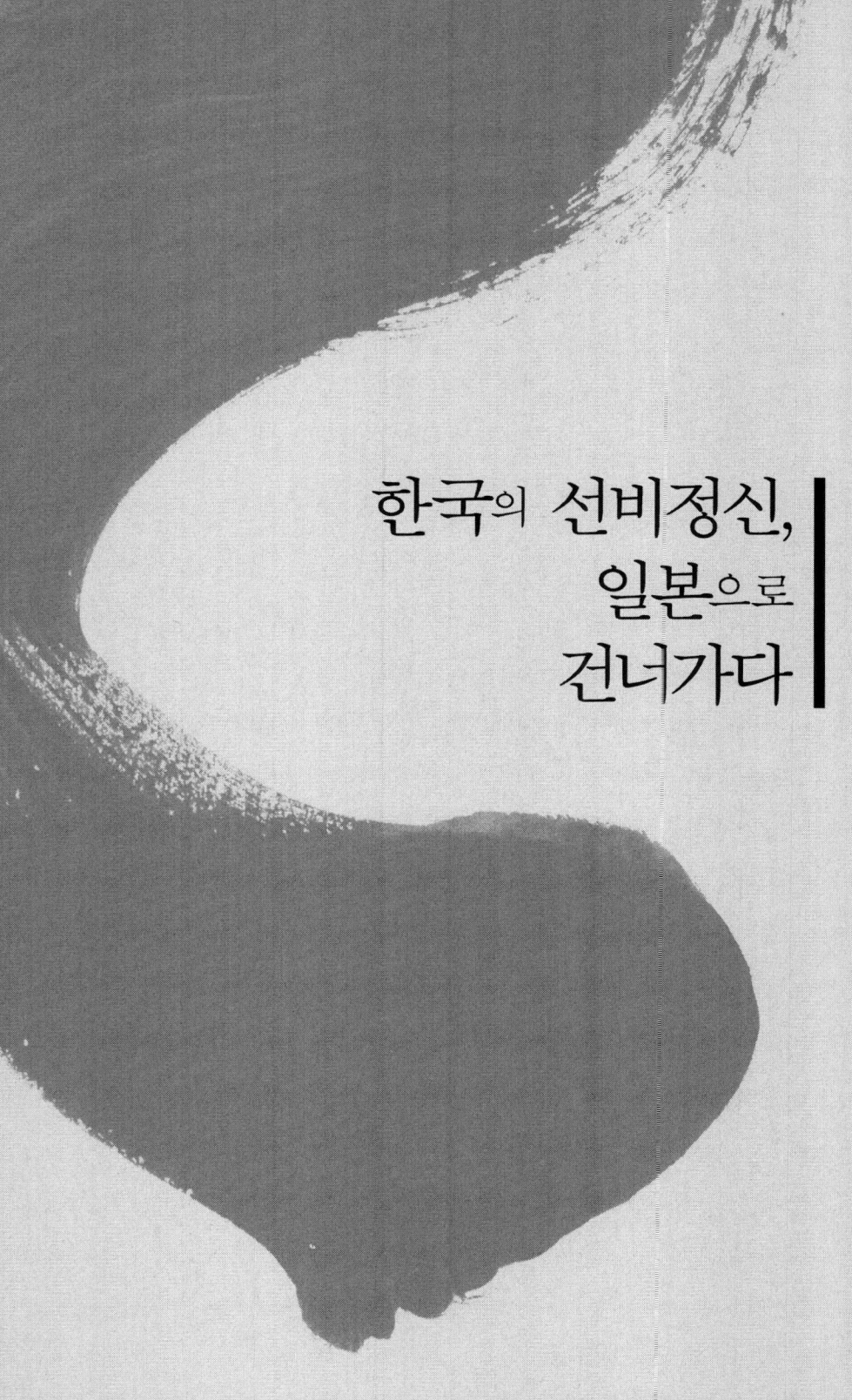

# 한국의 선비정신,
## 일본으로
## 건너가다

●●● 우리는 위에서 네 분의 조선선비에 대하여 그들이 어떻게 선비정신을 실천했는지 알아보았다. 선비정신의 핵심을 정리해 보면 살신성인(殺身成仁), 거의소청(擧義掃淸), 극기복례(克己復禮), 법고창신(法古創新), 솔선수범(率先垂範)정신이라 할 수 있다.

'살신성인'은 자기몸을 죽여서라도 어짊을 이룬다는 뜻으로, 삶에서 어짊을 실천하기 위해 몸을 던져 봉헌하고 헌신하는 일을 말한다.

'거의 소청'은 나라가 위기에 빠져 위태로울 때, 국운을 바로잡기 위해 정의의 깃발을 드높이고 오랑캐와 소인배를 깨끗이 쓸어내는 일을 말한다.

'극기복례'는 자기의 이해와 개인적 욕심을 극복하고 공동체를 위한 예의범절을 앞세워 사회적 질서를 회복하는 일을 말한다.

'법고창신'은 옛 것을 알고, 그것을 바탕으로 새로운 시대에 맞는 새로운 공동선을 창조해 나가는 일을 말한다.

'솔선수범'은 천한 일이나 귀한 일을 가리지 않고, 남보다 앞장서서 올바른 행동을 실천하여 다른 사람의 모범과 본보기가 되는 일을 말하는 것이다.

선비정신은 '조선실천성리학'이 낳은 정신이다. 그리고 선비정신이 낳은 인간이 선비이다. 선비와 선비정신은 공자, 맹자의 도덕철학을 기본으로 하여 사물의 근본을 파고 드는 격물, 치지의 과학을 장려하고, 성의, 정심의 인성을 회복하는 것이 중요함을 강조했다. 나아가서 수신, 제가, 치국, 평천하 하는 리더십의 황금률을 개진하였다.

그러면 선비정신이 일본에 흘러 들어가서 일본을 어떻게 변화 시켰는지 알아보기로 하자.

일본의 사무라이에게 유학(儒學)과 '조선실천성리학'을 전수한 대표적 선비는 앞에서 얘기한 강항(姜沆 1567-1618)이라는 인물이다. 강항은 양반 집안의 유학자 아들로 태어나 어릴 적부터 학문적 재능이 뛰어났다. 강항은 이황을 스승으로 하는 성혼의 제자였다.

16세기 초부터 16세기 중반에 이르기 까지 조선 사회에는 성리학에 대한 깊은 이해가 이루어졌다. 그 결과 '조선실천성리학'에 관한 여러 학설과 지역에 따른 여러 학파가 생겨났다.

서경덕학파, 조식학파, 이황학파가 먼저 형성되었고, 그 후에 이이학파와 성혼학파가 형성되었다.

'조선실천성리학'이 확립된 이후에 학파들을 중심으로 사림(士林)들이 조정에 다시 진출했던 시기가 조선 선조(宣祖 1567-1608년 재위) 따였다. 이들은 명종(明宗 1545-1567 재위) 때 윤원형(尹元衡)의 척신(戚臣)정치가 초래한 정치적, 경제적, 사회적 폐단을 시정하고 선비의 도덕적 통치이념을 구현하고자 했던 것이다.

이 때 구세력을 대표하는 심의겸(沈義謙 1535-1587)을 중심으로 한 사람들과 소장관인의 대표격인 김효원(金孝元 1532-1590)을 중심으로 한 사람들 사이에 의견대립이 일어났다.

결국 경복궁의 서쪽에 살고 있는 심의겸을 지지하던 사람들은 서인(西人)으로, 경복궁의 동쪽에 살고 있는 김효원을 지지하던 사람들은 동인(東人)으로 불리게 되었다. 이리하여 서경덕, 조식, 이황 등의 학파는 동인을 형성했고, 이이, 성혼 등의 학파는 서인을 형성했다.

그 후 다시 동인(東人)학파 중에서 이황 학파는 남인(南人)으로, 서경덕과 조식 학파는 북인(北人)으로 구분되었고, 서인(西人)학파는 나중에 이이 학파의 노론(老論)과 성혼 학파의 소론(少論)으로 분파되었다.

일본에서는 이 때가 100여 년 간 지속되어오던 전국시대(戰國時代)가 마지막 판에 접어들어 드디어 오다 노부나가에 의하여 통일이 눈앞에 다가오고 있을 무렵이었다. 일본에서는 칼의 힘이 강한 자만이 주도권을 장악하는 약육강식의 땅 따먹기 세계가 한창 전개되고 있었던 것이다.

임진왜란이 끝나고 10여 년 뒤, 조선은 광해군(光海君 재위 1608-1623) 때에 서경덕과 조식 학파의 동인(북인)이 세력을 얻었지만 동인의 집권은 잠시였다. 그 후 인조반정(仁祖反正 1623) 때는 구 세력이었던 서인이 세력을 얻어 단독으로 정국을 주도했다. 광해군을 폐위시키고 인조를 왕위에 올리는데 서인은 주도적으로 활약 하였고, 반정에 성공한 서인들로부터 서경덕과 조식 학파의 북인들은 철저하게 배척당했다.

그 결과 북인 학파의 학풍은 힘을 얻지 못하고 서서히 명맥이 끊기어 갔다. 대신에, 서인의 사상적 시조인 이이의 학풍과 정치권력 다툼에서 비켜서 있었던 남인의 사상적 시조인 이황의 학풍이 조선 사상계를 주도하는 양대 학풍으로 살아 남게 되었다. 이리하여 이황과 이이의 '조선실천성리학'은 조선사상사에 확고하게 뿌리를 내릴 수 있게 되었던 것이다. 이에 따라 '조선실천성리학' 이외의 학문은 이단으로 간주하게 되었고, 이황, 이이는 조선사상사의 양대학파의 대부로 평가됐다. 이황이 타계한 뒤에는 이이학파와 이황의 학문을 계승한 성혼학파의 2대 학맥이 계승되었던 것이다.

당시 조선을 둘러싼 국제정세는 급격히 변하고 있었다.
명(明)은 쇠약해 지고 후금(後金 여진족, 후에 청을 세움)은 급히 성장했다.
1627년 정묘호란이 일어났다. 후금은 3만의 군대를 이끌고 쳐들어왔다.
인조는 강화도로 피신하였다.

1636년 병자호란이 일어났다. 청 태종이 20만의 대군을 이끌고 다시 쳐들어왔다.

인조는 남한산성으로 피신하였다. 인조는 삼전도의 굴욕으로 항복하였다.

이러한 전란의 와중에서 주화론(主和論)과 척화론(斥和論)이 격렬하게 논의 되었다.

인조 말엽에 이르러서는 송시열(宋時烈 1607-1689)등이 주도하는 서인이 정국을 주도하면서 척화론이 조선정책의 중심이 되었다.

당시 국제 정세는 명이 쇠망하고 청이 강력하게 떠오르고 있었기 때문에 서인의 척화론은 시대착오적 정책이었다. 송시열은 이이의 학통을 계승하여 기호학파의 주류를 이루고 노론의 영수로써 정국의 중심인물이 되었던 사람이다.

이처럼 16세기 이후 조선에서는 중앙 조정에 진출한 사림(士林)에 의해 이념의 논쟁이 정파의 정쟁으로 확대 되기도 했다. 이것을 폐단으로 본 선비 중에는 관직에 진출하지 않고 학문연구와 개인의 수양수행을 위주로 하며 후진양성에만 열정을 불태운 학자들이 많았다. 조정에 진출하-지 않고 재야에 묻혀 학문하는 선비를 '산림'(山林)이라 불렀다.

이이는 선비가 산림(山林)에 묻혀서 자신의 몸만 깨끗하게 함을 목적으로 해서는 안 된다고 말했다. 선비는 벼슬을 하고 모든 사람들을 자신처럼 깨끗하게 만듦을 목적으로 해야 한다고 강조했다. 그러나 자신이 벼슬로 나가고 싶지만 세상이 자신을 받아주지 않을 때, 자신이 벼슬을 통해 이념구현을 할 수 없을 때, 또는 때를 만나지 못했을 때, 부득이 산림(山林)에 묻혀 독선(獨善)하는 것이라고 말했다. 이이의 이 말은 다분히 스승인 이황을 염두에 두고 한 말일 것이다. 이이의 스승인 이황은 인생 후반을 조정의 부름에도 나가지 않고 오직 후학양성에만 힘을 기울였기 때문이다. 이이 본인도 자신이 주장한 '경장론'이 받아들여지지 않자 벼슬을 버리고 후진들 교육을 위한 집필에 몰두하면서 인재양성에 힘썼다.

조선의 선비들은 선비에 대한 정의를 다음과 같이 내리고 있었다.
16세기 초반 벼슬길에 나아가 직접 조정의 중심에 섰던 조선 중종 때의 개혁 정치가 조광조(1482-1519)가 남긴 '선비사상'을 보면 아래와 같이 집약된다.

- 선비는 배움을 즐기고 사명감으로 일에 몰두한다.
- 선비는 이익이 있을 때는 의로움을 먼저 생각한다.
- 선비는 죽음을 당하더라도 지조와 신념을 버리지 않는다.
- 선비는 금과 옥을 보배로 여기지 않고, '선비정신' 을 보배로 여긴다.
- 선비는 나라가 위기에 처하면 불굴의 용기로 그에 대처한다.
- 선비는 공동체를 위한 큰 솥(鼎)을 끌 일이 생기면 힘을 헤아리지 않고 그 일에 착수한다.
- 선비는 지나간 과거의 일을 후회하지 않으며, 오지도 않은 장래의 일을 미리 점 치지 않는다.
- 선비는 그릇된 말을 두 번 거듭하지 않고 뜬소문을 두고 따지지 않는다.
- 선비는 가까이 할 수는 있어도 협박할 수는 없다.
- 선비는 죽일 수는 있어도 욕보일 수는 없다.

16세기 중반의 율곡 이이는 동호문답(東湖問答)에서 선비를 이렇게 구분해서 말했다.

- 선비가 벼슬에 나가는 경우, 정도(正道)로 천하를 다스려 요순(堯舜)의 길을 구현하는 선비는 대신(大臣)이고, 정도의 구현에는 힘이 부족하지만 재화를 두려워하지 않고 자신이 믿는 바를 임금에게 직언하는 선비는 충신(忠臣)이라 부르고, 일정한 능력을 갖고 자신의 직무에 충실한 선비를 간신(幹臣: 기둥 같은 신하를 뜻함. 奸臣과 다름)이라 부른다.
- 벼슬에서 물러나 있는 경우, 큰 뜻을 품고 그에 상응하는 능력이 있음에도 여러 사정 때문에 은둔하면서 도(道)를 닦고 있는 선비를 천민(天民: 하늘 같은 백성을 의미, 賤民과 다름)이라 부르고, 자신의 능력이 부족하다는 것을 절실히 느껴 자신의 수양과 능력의 연마에 주력하는 선비를 학자(學者)라 부른다. 그리고 고매한 인격을 갖추고 있으면서 세상에 관심이 없어 산중에 묻혀 사는 선비를 은자(隱者)라고 부른다.

17세기 중반의 송시열(1607-1689)은 선비에 대해 다름과 같이 말했다.
- 선비가 이 세상에 태어나서 나아가면 임금을 잘 만나 도(道)를 실행하는 것 이외에 다른 무슨 일이 있겠는가? 선비가 도를 배우는 것은 농부가 밭갈이 하는 것과 같으니, 행도(行道) 두 글자는 선비 된 자로서는 모두 가당(可當)한 것이다.
- 선비가 벼슬에 나아가는 것과 들어앉아 있는 것은 결코 다른 길이 아니다. 스스로 자기의 역량과 시세의 가능함과 불가능함을 헤아려, 불가능하면 머무르고 가능하면 나아가 도를 실천하는 것뿐이다.

18세기 초반의 이익(李瀷 1681-1763)은 선비의 자세에 대해 다음과 같이 말했다.
- 선비는 덕이 닦아지지 않음을 걱정하고, 이름이 세상에 알려지지 않음을 걱정하지 않는다.

-   선비는 학업이 넓지 못함을 걱정하고, 맡은 일이 없음을 걱정하지 않는다.

18세기 후반의 실학자 이덕무(李德懋 1741-1793)는 선비에게 가장 중요하고 필요한 요건을 이렇게 말했다.

-   선비에게 가장 귀한 바는 자질과 인품이 고상한 것이요, 재주와 학문은 그 나머지다.

이덕무의 선비에 대한 정의를 보면, 선비의 학문은 그것을 통해 자신의 자질과 인품을 수양하는 수단으로써의 학문이 되었음을 확인할 수 있다.

칼을 사용하여 싸움만 잘 하면 대접받는 사무라이와 달리, 조선의 선비는 학문을 통하여 인격을 수양해야 한다는 학문에 대한 관점이 분명했다. 학문을 높이고 재능을 기르는 목적은 먼저 자신의 인품을 드높여 사람다운 사람이 되는데 있었다. 그러므로 자신의 학문이나 재능이 인품을 드높이지 못한다면 아무 의미를 부여할 수 없음을 말하는 것이다.

선비에게 중요한 것은 무엇보다 하늘의 뜻인 도(道)를 깨닫는 일이고, 그 다음은 자신이 깨달은 도를 인간의 삶에서 실천하는 덕(德)을 쌓는 일이었다. 하늘의 섭리인 도를 지상의 이치인 덕으로 쌓아 천인합일을 이루는 것이 선비의 삶이었다. 도(道)란 천도(天道), 지도(地道), 인도(人道)의 뜻이 있다. 인도란 천도와 지도를 깨달아 인간의 밝은 마음, 선한 마음을 그대로 실천하는 것을 말한다.

선비에게 필요한 것은 궁극적으로 자신이 몸담은 사회에 선을 실천하여 인도를 구현하는 것이다. 선비에게는 이처럼 도에 대한 깊은 믿음과 도를 실천하려는 역사적이고 학문적인 사명감이 요구되었다. 그러므로 조선의 역사에서 선비를 지사(志士)라고 불렀던 것이다. 지사에게는 입지(立志)가 가장 중요하다. 율곡 이이가 지은 『격몽요결』의 첫 장에 입지가 나타나는 까닭이다. 뜻을 세우는 일이 가장 먼저라 강조한 것은 퇴계 이황과 율곡 이이가 마찬가지였다.

선비는 인품을 드높이기 위해 학문을 했고, 사무라이는 칼을 잘 쓰기 위해 칼잡이 훈련을 했다. 선비와 사무라이의 다른 점은 인품을 드높히기 위해 학문하는 삶과 폭력을 쓰기 위해 검술하는 삶의 다른 점뿐만이 아니었다. 선비는 학식이 풍부한 것만으로 선비가 될 수 없었다. 선비는 학식이 높고 동시에 풍류를 즐기는 멋을 알아야 했다. 아무리 학식이 풍부해도 풍류를 모르는 사람을 선비라 부르지 않았다. 풍류(風流)는 유교, 불교, 도교가 한반도에 전해지기 전부터 우리나라에 전승되어 온 한민족 고유의 선도(仙道·仙敎)에 그 뿌리를 두고 있다. 선도는 한민족 고유의 신선사상(神仙思想)과 천지신명(天地神明)사상에서 유래되어 천지자연과 하나가 되고, 일체생명과 격의 없이 어울리며, 공동선을 위한 실천덕목을 구비하면서 현실세계의 명리를 초탈하는 사상이다.

이러한 풍류를 신라의 최치원은 '현묘지도(玄妙之道)'라고 불렀다. 상고시대부터 전승되어 오던 한국의 고유사상은 '현묘한 도'인 풍류인 것이다. 최치원은 우리민족의 고유한 도인 '현묘지도'에는 삼교(三敎)의 정신이 이미 들어 있다고 말했다. 즉, 격물치지성의정심수신제가치국평천하(格物致知誠意正心修身齊家治國平天下)하는 유교의 군자(君子)정신, 상구보리하화중생(上求菩提下化衆生)하는 불교의 보살(菩薩)정신, 무이이화소요자재(無爲而化逍遙自在)하는 도교의 진인(眞人)정신이 이미 들어있는 융합된 사상이 바로 '풍류정신'인 것이다.

풍류정신은 신명사상의 표현이다. 고조선의 개국이념인 '널리 이롭게 하여 인간생활을 복되게 하라'는 홍익인간(弘益人間)정신, '세상을 교화하여 우주자연의 이치와 하나되게 하라'는 제세이화(濟世理化)정신, '하늘에 줄을 대고 인간본성을 빛내라'는 성통광명(性通光明)정신은 바로 민족시조 단군(檀君)의 건국정신이다. 고조선의 건국정신에 유불도가 이미 녹아 있어 삼국을 통일한 신라의 화랑정신이 되었고, 화랑정신은 고려의 풍류정신이 됐다. 풍류정신은 조선시대에 들어와 '조선실천성리학'의 밑거름이 되었고, 생활실천사상으로 꽃을 피워 선비정신으로 융섭(融攝)되었던 것이다. 5)

참 선비는 선비사상으로 무장한 '선비리더십'을 낳았다.
'선비리더십'은 『대학』에서 말한 3강령 8조목을 실천하여 '인의예지'로 개인인격의 독립을 이루고 '효충경신'으로 사회인격의 유대와 섬김을 완성하는 리더십이다.
3강령은 '명명덕(明明德)', '친민(親民)', '지어지선(止於至善)'이다.
인간의 본성은 명덕이다. 스스로 밝은 빛이다. 먼저 인간은 스스로 타고

---

5) 〈화랑정신〉은 한반도에서 3국(고구려, 백제, 신라)이 각출했을 때 동남부의 가장 작은 약소국가였던 신라가 대당 국제외교를 성사시키고 용감무쌍한 애국심과 임전무퇴의 강인한 정신력을 바탕으로 삼국통일의 과업을 이루고 찬란한 고대문화를 꽃피울 수 있었던 국가적 원류정신이었다. 〈화랑〉은 6세기 중엽 신라 진흥황 때 제도화된 수련집단으로 총명하고 아름다운 귀족자제들을 선발하여 이루어진 선도(仙徒)로서 '화랑'이라 불렀고 모든 사람들이 이를 높이 섬겼다. 이들은 신궁(神宮)을 받들어 대제(大祭)를 지내며 도의로써 서로 연마하고(相磨以道義), 춤과 노래로써 서로 즐기며(相悅以歌樂), 명산대천을 노닐며(遊娛山水), 학예와 무술을 닦았다. 신라의 어진 재상과 충신, 훌륭한 장수와 용맹한 병사들이 여기에서 생겨났다. 〈화랑〉의 활동과 기풍을 풍류(風流)라 불렀고, 무리의 우두머리를 국선(國仙) 또는 풍월주(風月主)라 하였다. 삼국통일의 주역 김유신, 김춘추는 풍월주를 지낸 후 용장(勇將)과 명군(名君)이 되었으며, 남다른 부하사랑과 뛰어난 리더십을 보여 모든 화랑이 어버이처럼 따랐던 문노(文努) 역시 풍월주를 지냈다. 일체유심조(一切唯心造)를 깨달아 원융화쟁(圓融和諍)사상을 펼치고 무애가(無碍歌)를 부르며 승속을 넘나드는 보살행으로 신라국민을 널리 교화한 원효대사 또한 화랑출신의 승려였다.

난 밝은 빛을 밝혀야 한다.

스스로 타고난 빛을 더 밝힐 수 있는 사람이 어른이다.

어른이 된 사람은 인간답게 사는 길로 들어선 사람이다. 스스로 빛을 밝힌 사람은 다른 사람을 사랑할 수 있다. 다른 사람이 가지고 있는 빛을 더욱 밝히도록 이끌어 줄 수 있다. 사람이 스스로 빛을 밝히고 다른 사람도 그가 타고난 빛을 스스로 밝히도록 이끌어 주는 것이 인(仁)의 실천이고 그것은 바로 사랑의 행위이다. 사랑이 모자람도 지나침도 없는 최선의 자리에 머물면 그것이 '지어지선'이 된다. 다른 말로 표현하면 '최선의 삶'이다. 최고의 삶이 아니라 인간이 할 수 있는 '최선의 삶'이다.

8조목은 위에서 설명한대로 '격물', '치지', '성의', '정심', '수신', '제가', '치국', '평천하'를 말한다. '선비리더십'이 형성하는 좌표는 세로 축과 가로 축의 융합이다.

세로 축은 〈격물〉〈치지〉〈성의〉〈정심〉으로 개인인격의 독립을 완성하고, 〈수신〉〈제가〉〈치국〉〈평천하〉의 단계를 거치면서 사회인격의 유대와 섬김을 완성하는 일이다. 개인인격의 독립과 사회인격의 유대는 상생사상을 창조하는 덕행수련이다.

가로 축은 스스로 타고난 빛의 구체적 내용, 즉 〈인의예지〉를 실천함으로써 개인인격의 독립을 완성하고, 다른 사람이 가지고 있는 빛을 밝히는 구체적 내용, 즉 〈효충경신〉의 실행을 통하여 사회인격의 유대와 섬김을 완성하는 것이다.


일본은 도쿠가와 이에야스의 '에도 막부'시대(1603-1867)에 이르러, 처음으로 한국과 평화사상의 외교관계를 수립했다. 삼국시대, 신라시대, 고려시대, 조선전기에 이르기까지는 왜구의 침략으로 한반도는 바람잘 날이 없었다. 일본에는 먹을 것이 부족했기 때문에 좋은 먹거리 확보를 위해 왜구의 침입은 끊임없이 계속됐다. 그러던 것이 임진왜란 이후에 '조선실천성리학'이 일본에 건너가고, '에도막부'가 '조선실천성리학'을 국학으로 받아들인 이후부터, 일본은 학문을 숭상하고 평화를 존중하기 시작했다. 또 '에도 막부'가 쇄국정책을 취하는 와중에도 유일하게 조선과는 정식 국교관계를 유지하여 선린우호의 평화체제가 정착되었던 것이다. 이 기간에 12회에 걸쳐 파견된 '조선통신사'는 '조선실천성리학'은 물론 다방면의 조선문물을 일본에 전하고, 조선은 일본의 문물을 견학하는 기회로 삼았다. '조선통신사'의 규모는 국가간의 사절로써는 방대한 500 내지 600여 명이나 되었고 에도(지금의 도쿄)까지 당도하는데 7-8개월이나 소요되었다. '조선통신사'가 가는 길에는 수많은 일본인이 나와서 환영행사를 열었고, 특히 일본의 지식인들은 조선의 선비들로부터 글 한자를 얻으려고 경쟁하듯이 몰려들어 에도거리는 인산인해를 이루었다. 일본이 평화체제로 정착하고 조선과의 관계도 선린우호의 신의외교가 가능하게 된 것은 '조선실천성리학'의 높은 수준의 도덕이념과 평화사상에 기인했다고 할 수 있다. 이것은 '조선실천성리학'을 완성시킨 조선 선비들의 '선비정신'의 힘이었던 것이다.

임진왜란은 1592년에 일본이 일으킨 동아시아 국제전쟁이다. 일본의 지방 다이묘(영주)들을 처음으로 통일한 도요토미 히데요시가 15여 만 명의 침략군을 파병하여 조선에 쳐들어왔다. 조총으로 무장한 왜군은 칼, 창, 활로 방어하는 조선군의 상대가 아니었다. 왜군의 선봉부대가 평양까지 진군하는데 보름 밖에 걸리지 않았다. 거의 조선 육군의 저항이 무력한 상태에서 거침없이 진군한 형국이다. 선조임금은 압록강이 가까운 의주까지 피난 가고 한반도의 국토는 여지없이 유린당했다. 그나마 이순신 장군의 해군에 의해 간신히 왜군의 보급로가 차단되었고, 거북선을 앞세운 이순신 장군은 23전 23승의 세계 해전사에 기리 남을 승리를 거두었다. 6)

1597년 도요토미 히데요시는 다시 조선에 쳐들어 와 정유재란을 일으켰다. 이번에는 전라도를 급습하였다. 조선 선비 강항(姜沆)은 당시 서른 살로 형조좌랑의 벼슬을 하고 있었는데 휴직서를 내고 고향에 내려와 있었다. 그는 가족을 데리고 바닷길을 건너 피난 가다가 일본 침략군에 붙잡혔다. 강항은 1597년부터 1601년까지 4년 동안 일본에서 포로생활을 하였다. 그는 귀국 후에 일본에서의 포로생활을 기록한 '간양록(看羊錄)'을 남겼다.

당시 일본은 무력으로 세력다툼을 일삼는 '싸움의 나라'였으므로, 조선의 유학적 도덕사상으로 보면 야만인의 나라에 불과하였다. 그와 같은 일본의 야만시대는 도요토미 히데요시가 전국을 통일했던 16세기 말경에 절정에 다다랐다. 눈만 뜨면 싸워야 했던 당시 일본에서는 '유학'이라던가 '성리학'이란 사상은 유일한 지식층인 승려조차도 극히 일부에서만 접하던 귀중한 학문이었던 것이다.

---

6) 1592년 4월 13일 임진왜란 발발. 1592년 4월 12일 왜란발생 하루 전 이순신이 거북선 완성. 전쟁 발생 사흘 뒤 이순신 장군은 전쟁소식을 듣는다. 거북선은 조선 초 태종실록에 귀선(거북선)이라는 이름으로 등장한다(1413년). 임진왜란 때의 거북선은 이순신 장군이 고안하고 군관 나대용이 제작했다. 나대용은 조선 최고의 선박기술자다. 그는 임진왜란 1년 전인 1591년 이순신장군의 휘하로 들어간다. 전쟁이 끝난 뒤에는 속도가 느린 '판옥선'의 단점을 보완해 속도가 빠른 '해추선'을 개발했다. 임진왜란 당시의 조선의 주력선은 '판옥선' 이었다. '판옥선'은 1555년 명종 때 개발됐다. 갑판 위에 집 모양 누각이 있어 이름이 '판옥선' 이다. 배 바닥은 U자형, 수심이 얕은 바다에서도 신속하게 방향을 바꿀 수 있다. 배 바닥이 V자 형인 일본 배 '아다케'는 전투 때 방향 급회전이 어렵다. '판옥선'은 이중 갑판이다. 밑에는 노를 짓는 군인들이 있고, 상부에는 대포와 화살을 쏘는 전투원이 탔다. '판옥선'은 대포로 적을 공격한다. 일본은 상대방 배에 올라타 육박전을 주로 한다. '판옥선'은 일본 '아다케' 보다 배 높이가 높고 크기도 커서 일본의 전투방식을 무력화 시킬 수 있었다. 거북선은 '판옥선'에 덮개를 씌운 형태다. 앞에는 용머리를 만들어 붙이고, 그 아가리로 대포를 쏘며 등에는 쇠못을 꽂았고, 안에서는 밖을 내다볼 수 있어도 밖에서는 안을 들여다 볼 수 없다. 거북선은 등에 철갑 옷을 씌운 철갑선이었다 거북선은 1597년 7월 16일 원균이 칠천량 해전에서 패하면서 수장됐다.

납치해온 강항을 비롯한 조선의 선비들에게서 그들은 새로운 지식을 갈구하게 되었다. 비록 포로이긴 하지만 자신들이 접근하기 어려운 고매한 인품과 품위를 갖춘 조선의 선비들을 가까이 접하는 순간 여느 포로들과는 달리 특별대우를 해주었다. 그 중에서도 강항에게는 특별히 관대하게 대해주었는데 강항의 높은 인격과 고매한 학문에 일본의 지도자적 위치에 있는 지식인들이 사로잡혔기 때문이었다. [7]

일본의 최고 지식층이었던 승려들은 서로 그의 지식을 전수받으려고 애썼다. 그 중에서도 교토에 있던 선종 승 후지와라 세이카(藤原惺窩 1561-1619)가 강항을 찾아와 그를 스승으로 모시고 본격적으로 '조선실천성리학'을 공부했다. 강항은 성리학을 배우려고 하는 후지와라 세이카를 위해 특별히 '조선실천성리학' 이론서를 작성하여 주었다.

강항은 성리학 공부를 위해 승려임에도 불구하고 승복을 벗어 던지고, 유교적 복장을 입고 찾아 오는 후지와라 세이카에게 크게 감동하여, 사서오경을 비롯한 유학사상과 조선의 과거제도, 장례제도, 혼례제도, 이황의 '조선실천성리학' 등에 대해 자세히 가르쳐주었다. 강항은 후지와라 세이카를 통해 '조선실천성리학'을 일본에 정착시키는데 기초를 구축했던 인물이다. 후일 일본에서는 후지와라 세이카의 가르침으로 아라이 하루세키, 아메노모리 호슈 등 일본의 지식층을 이끄는 인재들이 배출됐다.

---

7) 강항(姜沆 1567-1618): 호는 수은. 본관은 진주. 16세에 향시에 합격. 22세에 진사시험에 합격. 퇴계학파 성혼의 문하에서 학문을 쌓았다. 형조 좌랑으로 있을 때 휴직을 내고 귀향한 해인 1597년 정유재란이 발발했다. 강항은 남원성 낭관(郞官)으로 임명되어 군량조달 임무를 맡았으나 일본군 5만 명이 남원성을 함락시켰다. 9월 14일 강항일족은 2척의 배에 나누어 타고 피난 가다가 왜선에 포로가 되었다. 왜군의 수군대장 도도다카도라의 가신 신시치로가 지휘하는 병선이었다. 일본군은 강항일행이 삿갓을 쓰고 의관을 정제하고 있으므로 이들을 고급관리라 생각하고 일본으로 연행하기로 결정했다. 임진왜란과 정유재란 당시 일본에 끌려간 포로의 수는 10만 명이 넘는 것으로 추정된다. 포로생활을 마친 후 일본에 정착한 사람, 노예로 팔려간 사람 등이 대부분이고 극히 소수가 조선으로 귀환되었다.

임진왜란 때 조선에서 실어간 성리학 책들 중에서 퇴계 이황의 저술은 일본 지식인들을 강타하고도 남음이 있었다. 퇴계 이황의 『자성록』은 조선에서 보다 일본에서 더 큰 인기를 얻었고 지식인들 사이에서 많이 읽혔다. 당시 일본 지식인의 대표격인 야마자키 안사이(山崎闇齊 1618-1682)는 퇴계의 저작을 독파하고 그의 학문과 사상, 인격에 깊은 감화를 받은 인물이다. 야마자키 안사이의 제자 사토오 나오카타(佐藤直方 1650-1719)는 자신의 스승을 제치고 조선의 퇴계야말로 "유학의 단 한 사람"이라 꼽으면서 "조선의 퇴계 이후로는 성인의 학문을 진정으로 떠맡아서 한 사람이 없다.'라고 말하였다. 그가 남긴 글 '동지문'(冬至文)에서 그는 퇴계를 공자에 버금가는 학자라고까지 극찬하였다.

1598년 도요토미 히데요시 가 사망하자, 동군의 대표격인 도쿠가와 이에야스는 일본의 전국통일을 아우르고 도요토미 히데요시의 서군을 굴복시켜 1603년 '에도 막부'를 설립했다.

이에야스는 오랜 전란으로 혼란스러웠던 사회의 안정을 위히 새로운 시대를 여는 정치이념이 필요했다. 그는 '조선실천성리학'을 막부의 관학(官學)으로 수용했다. 이로서 강항은 일본성리학의 아버지가 되었던 것이다.

강항을 통해 '조선실천성리학'을 전수받은 후지와라 세이카는 한반도에서 일본에 건너간 백제 지배층의 후손으로 장원(莊園)을 소유한 명문 후지와라 가문 출신이다. 후지와라 세이카는 어렸을 때부터 신동으로 불릴 만큼 두뇌가 명석했다. 1578년 세이카가 18세 때 그의 아버지의 성(城)이 적군의 급습을 받아 함락되었다. 아버지와 형은 죽고 어머니와 동생들과 함께 교토의 쇼코쿠사에 피신하였다. 그 후 세이카는 쇼코쿠사에서 불교를 배워 선승이 되었다.

임진왜란이 일어나기 2년 전인 1590년에 조선에서 파견된 '조선통신사'가 오사카성을 방문했다. 정사에 황윤길, 부사에 김성일, 서장관에 허성 이었다. 세이카는 이 때 다른 선승들을 보내 세 명의 통신사와 필담을 나누게 했다. 그 결과를 보고 세이카는 '조선실천성리학'의 학문적 깊이에 매료되어 이때부터 불교를 버리고 본격적으로 유학의 길에 들어서기로 결심했던 인물이다. 그러한 그가 강항을 만나자 고기가 물을 만난 듯 '조선실천성리학'을 체계적으로 공부할 수 있는 절호의 기회를 가졌던 것이다.

그는 강항으로부터 이황의 '조선실천성리학'을 중심으로 이이의 학문, 성혼의 학설을 수용하는 등 포괄적이고 포용적으로 조선의 학문을 섭렵하였다. 특히 이황의 이기호발설(理氣互發說)과 이이의 기발이승일도설(氣發理乘一途說)을 절충한 이황의 제자 성혼(成渾 1535-1598)의 학문을 일본성리학의 기초로 삼았다. 세이카는 그 때까지 일본에 없었던 유학자의 복장을 나름대로 고안해서 자신이 먼저 입었다. 조선과 중국의 복장을 참고하여 일본적인 옷차림을 만들어 입었던 것이다.

임진왜란이 끝나고 1년 후인 1600년 9월 도쿠가와 이에야스로부터 강의 요청을 받고 찾아 갔을 때도 스스로 만든 유학자의 복장을 입고 갔다. 당시 세이카가 입었던 복장이 에도시대 일본 유학자의 복장으로 정착 되었다.

세이카가 처음 이에야스에게 강의하러 갔을 때 이에야스는 세이카에게 잘 가르쳐 달라고 인사를 했다. 그러나 세아카는 강의를 시작하지 않았다. 그리고는 의아해 하는 이에야스에게 이렇게 말했다.

"장군님의 그 복장은 제게 강의를 들으려고 하는 복장이 아닙니다."

이에야스는 평소대로 편한 평상복을 입고 두건을 쓰고 있었던 것이다.

"내 복장에 무슨 문제라도 있는가?" 하고 이에야스가 묻자 세이카는 이렇게 대답했다.

"장군께서는 학문을 무슨 다과를 즐기듯 심심풀이로 생각하십니까? 학문을 취미 정도로 생각하는 분께 제가 가르칠 것은 아무것도 없습니다. 『대학 大學』은 공자의 유서이며 이것은 우선 자신의 몸을 가지런히 유지하는 것이 기본이라고 가르치고 있습니다. 자신의 몸을 가지런히 하시지 않고서 어떻게 국가를 통치 하실 수 가 있습니까? 예절을 분별하지 못하는 분께 성현의 길을 가르칠 의미가 없습니다."

세이카의 이 말에 놀란 이에야스는 금방 옷을 정장차림으로 갈아 입고 돌아와서 강의를 들었다고 한다. 당시 일본을 완전히 통일하여 '에도 막부'를 세울 꿈을 실현시키고 있던 이에야스는 일본 최고의 권력자였다. 그런 그에게 이렇게까지 설교할 수 있었던 사람은 오직 세이카 뿐이었다. 강의를 듣고 난 이에야스는 세이카의 강의에 매료되었고, 머리회전이 빠른 그는 세이카가 강의한 '조선실천성리학'의 가치관에 따라 통치하면 좋겠다고 결심한다. '조선실천성리학'이 '에도막부'의 관학(官學)으로 자리잡은 순간이었다.

이에야스는 세이카에게 관직에 들어 올 것을 권유했다. 그러나 세이카는 이에야스의 출사 요청을 사양하고 대신 그의 제자인 하야시 라잔을 추천하였다. 이렇게 하여 하야시 라잔은 에도 막부의 학문소의 책임자인 대학두(大學頭)가 되었다. 이로써 강항이 전한 '조선실천성리학'이 에도 막부의 정통사상이 된 것이다. 한편 세이카는 '조선실천성리학'을 일본화 시키는 과정에서 강력한 배불론(排佛論)을 전개하여 유가신도(儒家神道)를 제창했다. '신도'(神道)의 중심은 유교와 같은 인(仁)에 있다고 주장해 신유일치(神儒一致) 사상의 기초를 마련했다. 존왕론도 확고하게 뿌리를 내릴 수 있었다. 이렇게하여 고대에 신라에서 바다건너 섬나라로 건너가 일본의 토속 신앙으로 자리잡았던 '

신도'와 후일 조선의 선비들이 건 내 준 '조선실천성리학'은 대립하지 않고, 오히려 일본천황의 역사를 성리학으로 해석하려는 일본국학인 미토학(水戶學)을 낳았던 것이다.

일본에서 '사무라이'(侍い)라고 말하면 원래는 단순히 '영주를 모시는 가신'을 뜻했다. 그러다가 싸움이 잦아지고 사무라이의 숫자가 늘어남에 따라 무사 전반을 사무라이라고 부르기 시작했다. 그러다가 고급무사와 하급무사를 나누어서 구분할 때 고급무사를 사무라이 라고 호칭했다. 그리고는 고급무사들이 지켜야 할 규범과 절도를 규정하는 무사도를 만들었다. 이 무사도는 바로 조선의 '선비정신'이 일본에 전수되어서 사무라이에게 적용된 무사도로 변신한 것이다.

고급사무라이들에게 요구되는 규범과 절도의 내용은 다음과 같았다.

- 무사는 스스로를 엄하게 다스려야 한다.
- 무사는 주군에게 충성을 다해야 한다.
- 무사는 부모에게 효도를 다해야 한다.
- 무사는 사적 욕심을 버려야 한다.
- 무사는 부귀보다 명예를 소중히 여겨야 한다.
- 무사는 부정부패를 증오하고 공정성을 존경해야 한다.
- 무사는 죽음을 두려워하지 않아야 한다.

사무라이의 규범과 절도의 내용을 보면, '조선실천성리학'의 가르침을 받은 영향이 고스란히 남아 있다. 조선의 선비가 갖추고 있는 선비정신을 그대로 연상시켜주는 가치관이다. 사무라이 와 선비의 가치관을 보면 매우 비슷하다. 그것은 선비정신을 기본으로 사무라이의 가치관이 확립되었기 때문이다.

'조선실천성리학'이 전수되기 이전의 사무라이는 한마디로 싸움꾼에 지나지 않았다. 주군에 대한 윤리적 충성의식도 거의 없었다. 그 이유는 당초 주군과 사무라이 가신과의 관계는 단순한 힘의 강약에 따른 주종관계였기 때문이다. 선비정신에 입각한 주군에 대한 의리나 신의가 전혀 없었다. 일종의 강력한 힘에 의해 주종을 구분하는 계약관계였다. 영주를 모시고 있는 사무라이 가신의 입장에서는 가신이 주군을 위해 목숨을 걸고 '봉공'(奉公)하여 무공(武功)을 세우면, 그 대가로 주군은 가신에게 '어은'(御恩)을 베풀어 주는 관계였다. 즉 '오야붕'과 '꼬붕'의 관계였던 것이다. 그리고 주군이 공을 세운 사무라이 가신에게 베풀어 주는 은혜는 기본적으로 땅이었다. 때문에 사무라이 가신의 일차적 목표는 주군을 위해 공로를 세워서 땅을 얻어 자신이 그 땅의 주인이 되고 주군으로부터 신변의 보호를 받는 것이었다.

선비의 일차적 목표가 학문을 하여 수신을 하고 도(道)를 깨달은 다음, 벼슬에 나아가서 임금을 잘 보좌하여 자신의 정치적 소신과 사명을 펼쳐 보여, 나라를 태평하게 하고 백성을 잘 살게 하겠다는 것인데 비교하면, 사무라이와 선비의 목표는 서로 판이하게 달랐다.

사무라이는 자신에게 '어은'을 베풀어 줄 수 있는 새로운 주군을 모실 수 있는 기회가 온다면, 지금까지 자신이 모시고 있던 주군을 떠나는 것은 당연하게 생각했다. 심지어는 '봉공과 어은'의 계약관계를 지키지 않고 파기하려는 주군을 제거해버리는 하극상사태까지 실제로 일어났던 것이다.

15세기 중반부터 16세기 중반까지의 전국시대(戰國時代)가 끝나갈 무렵, 일본을 처음으로 통일하고 전국을 통치하려던 오다 노부나가(織田信長)는 그의 충신이었던 사무라이 가신 아케치 미쓰히데(明智光秀)에게 제거당했다.

이 사건은 일본 무사의 하극상 사태 중 가장 큰 사건이었다. 당시 오다 노부나가는 일본을 통일한 후, 지방의 모든 영주들을 자신의 아즈치성(安土城: 현재의 시가현) 주변에 모여 살게 할 계획이었다. 그것은 영주들을 인질로 삼아 지방에서 중앙을 노리는 반란을 사전에 예방하려는 노부나가의 구상이기도 했다.

그러나 그 계획은 지금까지 관례로 되어 있었던 '사무라이 라면 일정한 토지를 관리해야 하고, 토지와 함께 살아야 한다' 라는 사무라이의 전통적 개념을 파괴해 버리는 행위였다.

이러한 개혁적 시도뿐만 아니라, 천황이 가진 전통적 권위마저 부정하여 천황을 교토에서 아즈치성으로 이주시키라고 명령했다.

이에 반발하는 사람 중에는 오다 노부나가의 가신 아케치 미쓰히데가 포함되어 있었다.

마침 부하들 앞에서 오다 노부나가로부터 수모를 당하여 개인적 원한까지 갖고 있었던 미쓰히데는 많은 무사들이 자신을 지지해 줄 것이라 믿고, 교토의 혼노지(本能寺)에 머물고 있던 주군 오다 노부나가를 급습하여 친위부대를 모두 죽이고 주군은 자결하게 했다.

그러나 미쓰히데는 하극상 소식을 듣고 전장에서 달려온 노부나가의 오른팔 도요토미 히데요시(豊臣秀吉)와의 싸움에서 패배하였고, 그의 권좌는 3일 천하로 끝났다. 미쓰히데의 하극상 사건은 일본의 역사를 바꾼 '사무라이 하극상 사건'의 대표격으로 기록되고 있다.

임진왜란이 끝날 무렵인 16세기 말까지, 일본의 사무라이에게는 자신이 모시던 주군을 바꿔 다른 주군을 모실 수 있는 권리가 있었다. 이러한 사실은 하극상을 인정하고 있었다는 의미이다. 이것은 16세기 말까지 무사의 일반적인 사고방식이었다. 그런데 이와 같은 상식적인 무사의 사고방식을 바꾸어 조선의 선비와 똑 같이 한번 모신 주군은 목숨을 다하여 끝까지 모셔야 한다라는 생각을 갖게 한 새로운 계기부여는 어디에서 나왔던 것일까?

임진왜란을 계기로 일본 사무라이들의 사고방식에는 일대 변화가 일어났다.

일본에 납치되어 간 조선 유학자들이 '조선실천성리학'을 전파하여 일본에서 성리학의 계통을 확립했기 때문이다. 이때부터 일본의 사무라이들은 자신들의 정통성을 자신이 모시는 주군을 받들고 공경하는 것에서 찾기 시작했다. 사무라이의 가치관과 주군을 연결하는 움직임은 '조선실천성리학'에서 시작되었던 것이다. 무사도의 규범 중 핵심적인 부분은 모두 '조선실천성리학'에서 전수되었다. 이것이 바로 '무사도'의 규범이 '선비정신'의 규범과 거의 비슷하게 된 까닭이다.


오다 노부나가가 만들어 놓은 조직을 그대로 인계 받아 일본을 실질적으로 통일한 사람은 도요토미 히데요시다. 그는 일본통일 에너지의 여세를 몰아 한반도를 침략하는 임진왜란을 일으켰다. 그런 도요토미 히데요시가 임진왜란에 이은 정유재란 도중에 죽어버리자, 도쿠가와 이에야스는 도요토미계의 수하들과 도요토미 일가를 멸망시키고 일본의 전국적 통일 기반을 고스란히 차지했다.

도요토미 히데요시가 만들어 놓은 전국통일의 조직을 그대로 물려받아

무사정권인 '에도 막부'를 세운 도쿠가와 이에야스는 후지와라 세이카로부터 연수받은 '조선실천성리학'을 관학으로 삼는 결단을 내렸던 것이다.

'조선실천성리학'이 가르쳐 주었던 효, 충, 경, 신 사상 중에서, 주군에 대한 충성을 그린 이야기가 일본에서는 오늘날 까지도 많은 환영을 받고 있다. 사무라이는 부자간이나 형제간에도 서로 다른 주군을 섬기고, 전쟁터에서 서로 상대편에 서서 싸운 예가 허다하게 발견된다.

'조선실천성리학'이 가르쳐 준 '충(忠)의 정신'은 사무라이에게 부모형제보다 주군과 자신과의 관계를 더욱 중시하게 되는 새로운 관습을 만들어 주었다. 오늘날 현대사회에서 일본인이 그가 속한 조직에 충성을 바치는 '회사인간'으로 불리게 된 연유도, 그 '회사인간'이 된 정신적 뿌리는 후기 사무라이의 '충의 정신'에서 나온 것이라 할 수 있다.


사무라이가 부모를 위해서 목숨을 바쳤다는 사례는 별로 알려진 것이 없다. 그러나 주군을 위해서는 자신의 목숨을 아끼지 않고 버릴 줄 아는 충성심을 발휘한 사례는 후기 사무라이 시대에 많이 발견할 수 있다. 그 중에서도 가장 유명한 예는 '주신구라(忠臣藏)'라는 실화다. 이 사례는 주군을 위한 신하들의 복수극이다.

1701년 아코번(赤惠藩: 현재의 효고현)의 번주 아사이 나가노리(淺井長矩)가 개인적 원한을 가지고 있던 '에도 막부'의 고위관리 기라 고즈케노스케(吉浪上野之介)를 에도성 내에서 칼로 베어 중상을 입혔다. 아사이 나가노리는 1682년에 도일한 조선통신사를 이즈에서 대접하는 중책을 맡았던 인물이기도 하다.

이 사건이 알려지자 '에도 막부'의 '쇼군'은 아사이 나가노리에게 할복을 명령한다. 그는 '쇼군'의 명령을 수행하기 위해 할복 자살했다. 뿐만 아니라 아코번은 폐번 조치가 된다. 번의 재산은 모두 막부에 몰수당했고, 번에 있던 사무라이들은 하루아침에 낭인 신분이 되고 말았다. 이에, 기라 고즈케노스케에게 복수를 해야겠다고 결심한 구 아코번 사무라이 47명이 단결하여 억울하게 할복 자살한 주군의 명예를 살리기 위해 복수하기로 계획을 세운다. 복수가 끝나면, 전원이 같이 할복 자살하기로 맹세한다. 자신들의 행동은 개인적 거사가 아니라, 오직 주군의 명예를 회복시키기 위한 일념뿐으로 순수한 충성심의 행동임을 증명하기 위함이었다.

이렇게 하여 47명의 낭인들은 주군의 명예회복을 위해 개인적 생활은 물론 가족과의 삶마저 버리고 복수의 기회를 엿본다. 사전에 이런 계획이 알려지면 모두 체포 당해 목적을 달성할 수 없으므로 철저하게 비밀을 지키면서 산다. 일년 동안 47명은 흩어져서 오직 복수의 기회만 엿본다. 일년 후에 드디어 때가 오자 47명은 모두 한날 한시에 특공대처럼 모였다.

에도성에 있는 기라 고즈케노스케의 저택에 전격 침입한다. 주군의 원수인 그의 목을 베어 마침내 복수를 달성한다. 주군의 묘 앞에 그 목을 바친다. 그런 후에 그들은 집으로 돌아가지 않고 막부에 전원이 자수하여 47명이 모두 약속한대로 스스로 할복 자살했다.

이 사건은 사무라이들이 사욕을 버리고 주군을 위한 '충(忠)의 정신'을 구현한 훌륭한 무사도의 실천사례로 '에도막부' 시대 이후 오늘날에 이르도록 일본사회에서 칭송 받고 있다.

이 사례가 일본인에게 미화되는 이유는, 바로 복수가 끝난 다음에 처음 맹세한대로 47명 전원이 한자리에서 할복 자살했기 때문이다. 그리고 자신의 죽음으로 명예가 지켜지는 일본 조직사회 특유의 사무라이 가치관을 만들어 내었고, 이러한 후기 사무라이 정신은 계속 이어져 오늘날 일본사회 전반에서 조직을 위해 스스로 목숨을 버리는 사례가 끊이지 않고 나타나고 있는 것이다.

선비는 기본이 문인이고, 사무라이는 기본이 무인이다.

선비는 붓으로 모든 것을 표현하지만, 사무라이는 칼로서 모든 것을 표현한다.

선비는 붓과 한 몸이 되어 살았고, 사무라이는 칼과 한 몸이 되어 살았다.

1867년 메이지 유신(明治維新) 이후, 일본 근대화의 아버지로 일컬어지는 후쿠자와 유키치(福澤諭吉)의 계몽사상에 의하여 유학과 '조선실천성리학' 등에 대한 관심이 한 때 사회적으로 낮아 지기 시작하였다. 그러나 무사도의 사무라이 정신은 일본의 지도자들에게 정신적 지주로 면면히 계승 되었다. 특히 청일전쟁(1894-1895)에서 승리한 이후부터는 사회적 지도자뿐만 아니라 시민의식으로 급부상하기 시작했다.

그것은 당시 일본정부가 교육칙어를 작성하는 과정에서 천황을 가장으로 하는 가부장적 질서를 국가이념으로 체계화하는 것이 부국강병의 국가를 건설하는데 필요하다고 판단했기 때문이다.

청일전쟁에서 승리한 일본은 '에도 막부'의 말기 즉 1850년대에 서양의 열강들과 강제로 맺은 불평등조약들을 하나씩 단계적으로 개정하는 데 성공한다. 따라서 계몽주의 사상에서 들어 온 서양의 가치관을 그냥 따라 갈 것이 아니라, 원래의 전통적 사무라이 가치관을 주장해 나갈 수 있다고 생각한 것이다.

청일전쟁(1894-1895)에서 이기자마자 일본은 서양열강들의 관심을 집중적으로 받았다.

그리고 10년 후에 일어난 러일전쟁(1904-1905)까지 일본이 승리를 거두자 일본은 국제사회에서 강력한 발언권을 가지게 되었다. 일본은 강대국 러시아 함대를 단 한판의 해전에서 몰살시키고 대승을 거두었던 것이다. 이 전쟁의 결과로 태평양 제해권은 미국과 일본이 반분해서 나누어 갖게 된다. 일본군대의 사기는 충천했다. 미국, 영국을 비롯한 서양인의 관심은 온통 아시아의 섬나라일본에 쏠려 있었다.

무사도 정신은 일본사회에서 더욱 발전하게 된다. 그러나 그것은 붓이 아니라 칼을 앞세우는 전혀 다른 변질된 무사도로 진화하고 만다. 그 전환의 기점은 1868년 메이지유신(明治維新)으로 근대정부 수립에 성공한 일본이 한반도를 침략대상으로 삼으면서 시작된다. 한반도를 삼킨 일본은 파죽지세로 칼을 들이 대며 침략의 야심을 확대시켜나갔다.

1932년 일본이 만주사변을 일으켜서 '괴뢰만주국'을 건국했을 무렵, 당시 일본학계의 정신적 지도자 이노우에 테쓰지로가 무사도를 일본국민의 보편적 도덕성과 동일시하여 〈무사도의 본질〉이라는 저서를 발표했다. 무사도 정신은 일본의 주류세력을 타고 계승되고 있었던 것이다.

한국에서는 근대화 과정을 통하여 조선의 '선비사상'이 많이 퇴색화 된 것이 사실이다.[8]

더욱이 한국의 초기 근대화는 한국인의 손으로 이루어지지 못했다. 힘으

8) 조선총독부는 선비정신의 파괴를 획책하여 조선선비를 폄하하고 조롱하는 교육을 꾀했다. 이런 교육을 받은 일부 한국의 지식인들은 일본의 교육에 세뇌되어 스스로 선비를 무시하는 현상을 보이기도 했다. 사례: 이희승의 수필 '남산골 딸깍발이' 등.

로 한반도에 진출한 일본인에 의해 한국의 초기 근대화는 강압적으로 이루어졌다. 근대화의 내용은 한국인에게 필요하고 한국인의 삶에 유리한 근대화가 아니라, 일본의 식민정책 실시에 필요하고 식민통치에 적합한 근대화였다. 일본은 한국인의 정신적 모태인 '선비정신'의 파괴를 위해 할 수 있는 모든 교육과 문화정책을 동원했다. 한국인이 '선비정신'으로 무장하고 있는 한 일본은 도저히 식민정책을 수행할 수 없다고 판단했다.

한국의 전통적 윤리관, 가치관, 역사관은 물론 민족의 정체성이 내재되어 있는 한국의 '선비정신'은 일본관료에 의해 의도적으로 왜곡되고 폄하되고 훼손되었다. 한국인에 면면히 흐르고 있는 '선비정신' 때문에 전국각지에서 의병들이 끊임없이 봉기하여 "일본군은 일본으로 돌아가라"고 외쳤기 때문이다. 일본관료는 삼남지방에 한복을 입고 위장 잠입하여 의병대장의 집을 탐문해보고 의병들을 지휘하는 사람이 모두 선비라는 사실을 파악했던 것이다.

한국의 국사편찬위원회는 2002년에 '한국사' 52권을 처음으로 완간 했다. 다른 선진국들이 20세기 초에 자기나라의 근세사를 새롭게 다듬고 국가통사를 쓴 것에 비교하면 한국은 1세기 이상이나 늦어진 것이다. 그러나 현재 조선의 정사(正史)는 조선총독부가 편찬한 조선사 35책이 있을 뿐이다. 일제강점기에 우리나라의 근세사 즉 '조선사'를 쓴 사람은 일본의 사학자들이다. 그들은 조선 선비들이 옳고 그름을 따지면서 정쟁하는 모습을 부정적이고 비생산적 측면만 부각시켜 기록했다. 일본사학자들은 '사색당파'라는 용어를 일부러 조작해 내기까지 했다. 조선왕조실록의 어느 곳에도 이런 어구는 찾아볼 수 없다. 조선시대 선비들이 쓴 어느 역사책에도 이런 단어는 존재하지 않는다.

지구촌의 선진국가 대부분은 근대화 시대에 자기 나라의 역사를 새로 정립하기 위해 국가통사를 자신들 손으로 직접 써서 정비했다. 그러나 불행하게도 한국은 자신의 근세사를 스스로 쓰지 못하고 점령자의 손으로 쓰게 되는 비운을 맞는다. 일본인의 손에 의해 한국의 근세사가 정비되었기에 '조선사'는 왜곡되지 않을 수 없었다.

칼의 문화인 사무라이 정신으로 역사를 볼 때 그들은 조선의 선비가 칼을 써서 '전쟁'을 하지 않고, 붓으로 옳고 그름을 따지는 '정쟁'을 일삼은 사실을 근본적으로 이해할 수 없었던 것이다. 그리하여 '조선실천성리학'으로부터 재확립되고 오랜 전통을 가진 조선의 '선비정신'은 일제에 의해 땅 속에 묻혀 버렸다.

일본의 어용 사학자 시데하라 히로시, 호소이 하지매, 미지나 쇼에이 등은 조선을 '자치능력이 없는 나라'로 규정하여 식민통치를 받아야 한다는 논리를 세우는데 앞장섰던 학자들이다. 그들은 '조선의 당쟁은 한국인의 분열적 민족성 때문에 고칠래야 고칠 수 없는 고질병'이라고 표현하였고 조선총독부는 이를 초·중등학교 역사교과서에 넣어 강제적으로 가르쳤다. 한국인의 뇌리 속에 아직도 남아 있는 식민사관, 자학사관은 이렇게 하여 탄생한 것이다.

일제가 만들어 놓은 식민사관, 자학사관에는 몇 개의 이론이 있다.

### ㉮ 반도적 성격론.

지리적 결정론이라고도 말한다. 우리나라가 지형이 반도로 형성되어 있기 때문에 종속성을 면할 수 없다는 숙명론이다. 숙명론이기 때문에 아예 식민사관, 자학사관 이외의 어떤 사관도 가질 수 없다.

### ㉯ 사대주의론.

사대주의론의 주공격대상은 조선시대에 집중되어 있다. 조선은 중국에 무조건 사대하였다는 것이다. 이는 사대의 의미를 왜곡 한데서 비롯된 그릇된 단정이다.

원래 사대(事大)는 자소(字小)의 반대말이다. 큰 것과 작은 것을 가리키는 단어에 불과하다.

사대와 자소는 쌍방관계다. 이것은 전통시대에 존재한 큰 나라와 작은 나라의 외교질서다.

사대주의론 자는 조선이 중국의 책봉을 받아왔다는 것과 조공을 해왔다는 사실을 거론한다.

책봉은 당시 유교문화권의 외교관례로 큰 나라로부터 외교적 승인을 받아내는 것을 말한다. 오늘날에도 지구촌에서 새로운 정권이 탄생하면 미국의 승인을 먼저 받으려고 하는 것과 같은 정치적 외교관례인 것이다. 어느 나라가 미국의 승인을 받는다고 해서 미국의 속국이 되는 것은 아니다. 미국의 승인을 먼저 받아놓으면 유엔 회원국으로의 가입이 용이해 지기 때문이다.

조공(租貢)은 사여(賜與)의 반대어다. 조공과 사여는 세트로 연결되어 있다.

전통사회에서는 사신의 왕래가 외국과 교류하는 대표적 방식이었다.

사신은 규모가 작으면 300여 명 규모가 크면 700여 명이 국경을 넘나드는 정기적 왕래행사였다. 여기에는 당연히 물적 교류가 동반되었다.

자국의 특산물을 가져가는 것을 조공이라 하고, 조공품에 대한 답례품으로 받아오는 것을 사여라고 하였다. 조공과 사여에는 동가동량의 원칙이 적용된다. 오늘날로 치면 수출과 수입을 하는 무역거래인 것이다.[9]

동아시아 유교문명권에서는 개인 사이의 예절을 중요시한 것과 마찬가지로 국가 간의 교역도 예의로서 해야 한다고 생각하여 조정의 6조 중에서 예조가 사신과 무역을 담당하였다. 당연히 외국과의 거래도 예의를 갖추어 행하여졌다. 책봉과 조공은 일제식민사관이 단어의 의미를 왜곡하여 만들어 낸 허구적 해석으로 조작된 사대개념일 뿐이다. 일본은 조선을 파괴시키지 않으면 식민통치의 정당성을 주장하지 못하기 때문에 한국의 역사중에서 특히 조선사를 훼손시켰다.

㉣ **사색당파론.**

사색당쟁론은 식민사관 중에서도 일본의 어용사학자들이 만들어 낸 가장 왜곡된 논리다.

일본 어용사학자들의 주장은 조선이 사색당쟁만 하다가 당했다는 것이다. (사실은 조선은 망하지 않았다. 대한제국이 망했다.) 조선이 전기에는 사화를 일으키고 후기에는 당쟁으로 점철된 싸움만 하다가 나라를 망하게 했다는 것

---

9) 조선의 외교는 명·청과는 사대(事大)하고 일본·유구 등과는 친한 이웃으로 지내는 교린(交隣)정책이 핵심이었다. 이 사대교린(事大交隣)은 굴욕외교가 아니다. 조선에 실질적 이익을 안겨준 실용외교정책이었다. 중인출신 역관(譯官)들이 쟁쟁한 사대부 가문들을 제치고 조선의 최대갑부가 될 수 있었던 배경도 여기 있었다. 명나라는 삼 년에 한번 조공하는 '삼년일공'(三年一貢)을 주장한 반면, 조선은 1년에 세 번 조공하는 '일년삼공'(一年三貢)을 주장했다. 무역을 많이 할수록 조선이 유리했기 때문이다. 조공무역(朝貢貿易)은 이때 생긴 말이다. 조공은 일방적 행위가 아니라 교역품을 맞바꾸는 행위였다. 조공품과 사여품을 맞바꾸는 것이 공무역(公貿易)이라면 사행(使行)을 따라간 역관들의 상행위는 사무역(私貿易)이다. 조선은 역관들에게 여비를 지급하는 대신 인삼 팔포(八包)를 가져갈 수 있는 무역권을 주었다. 역관들은 중국의 지배층에게 인삼을 팔고, 그 돈으로 조선지배층이 선호하는 비단, 금은 세공품 등을 가져와 이중으로 이익을 남겼다. 역관들은 명·청과 일본 사이의 중개무역도 했다. 청나라 중기까지는 해금(海禁)정책을 썼기에 일본은 청과 직접 무역을 할 수 없었기 때문이다. 조선의 역관들을 상역(商譯) 또는 역상(譯商)이라고 부르는 이유다. 조선은 사대교린이라는 외교정책으로 평화를 유지하면서 막대한 국제무역의 이익도 취했다.

이다. 먼저 사색당파에 관한 역사적 사실을 분명하게 인식해야 한다. 무엇보다 조선에는 동시대에 존재한 사색이 없었다.

학파의 학문적 차별성 때문에 붕당이 되고 붕당은 정파가 되었던 것은 사실이다. 그러한 정파가 여당과 야당역할을 하였던 것도 사실이다.

그러나 조선은 2당 체제 또는 3당 체제는 있었지만 4당 체제는 한 번도 없었다.

사색이라는 용어는 일본인사학자가 결과적으로 생긴 네 개의 학파(남인, 북인, 노론, 소론)를 단순히 숫자만 세어보고 만들어낸 조어에 불과한 것이다.

조선의 학파성립은 16세기 말에 시작한다. 사림이 전국적으로 늘어나게 되자 학파가 정파로 전환된 것이 붕당인 것이다. 붕당 때문에 나라가 망하였다면 300여 년에 걸쳐 나라가 망하였다는 논리다. 세계사에서 나라가 망하는데 300여 년이나 걸린다는 말은 성립되지 않는다. 하나의 나라가 성립하여 300여 년간 존속하기도 힘든 것이 세계사에 나타나 있는 일개 국가의 역사다. 반만년의 역사를 가진 중국 왕조의 평균수명은 130년도 못 된다. 15년에서 30년을 지탱하지 못하고 망한 나라들이 손꼽을 정도로 많다.

조선왕조가 국학으로 삼은 성리학은 기본적으로 붕당을 인정하고 있다. 성리학을 개막한 시대인 송나라 때 구양수의 붕당론(朋黨論)이 그것이다.

붕당은 이름 그대로 뜻을 같이하는 붕우들의 모임을 말한다. 이념적 동지의 모임이 붕당이니 당연히 이념정당을 뜻하는 것이다. 붕당의 존재 의의는 왕권의 견제였다.

세습제인 왕조에 함량미달의 왕이 전제군주통치를 할 때의 적폐를 미연에 방지하기 위해 균형을 갖추어 줄 신권(臣權)이 필요했다. 그 신권은 붕당을 통해 확보되었다. 이들은 성리학적 이념으로 무장하고 성리학적 논리로 정쟁을 하였던 것이다.

조선에서 학파가 등장한 것은 사림 중에서 영남학파가 〈동인〉이 되고 기호학파가 〈서인〉이 된 것이 시발점이다. 그 후 동인은 퇴계 이황 계열의 〈남인〉으로, 남명 조식 계열과 화담 서경덕 계열의 집합체인 〈북인〉으로 갈리게 된다. 그리하여 〈남인〉, 〈북인〉, 〈서인〉의 3당이 존재했다. 하지만 선조 때 기축옥사의 변으로 동인계열의 〈남인〉, 〈북인〉들이 대부분 제거된 후 조정에서는 〈서인〉들이 독주하는 체제로 임진왜란을 당한다.

임진왜란이 종료된 후 광해군 시대에 소수의 야당이었던 〈북인〉 정권이 잠시 들어섰다. 임진왜란 때 북인출신 의병활동이 가장 눈부셨기 때문에 대의 명분을 얻은 북인들이 대거 출세를 할 수 있었다. 광해군 정권은 얼마 못가 인조반정으로 무너진다. 정권에서 밀려난 〈서인〉이 다시 정권탈환을 주도하였다. 인조반정(1623)이 성공해서 인조가 임금이 되었기 때문이다. 인조반정으로 일거에 무너진 〈북인〉은 붕당으로서의 의미를 상실하였다. 이후 〈북인〉의 존재는 미미해지고 정권쟁탈전에서 사실상 사라졌다.

조선의 17세기는 〈서인〉이 여당을 하고 〈남인〉이 야당의 역할을 하는 양당체제였다. 하지만 〈서인〉은 쇄국을 주장하는 집단으로 강력한 집권체제를 구축하였고, 서구문물을 받아들여 실학을 주도한 집단인 〈남인〉은 〈서인〉조정의 탄압을 받아 19세기 말에 이르기까지 단 한 사람도 조정진출을 하지 못했다. 200여 년에 걸친 〈서인〉의 독주체제는 조선사회에 비리와 부패의 폐습을 불러왔고 결국 대한제국의 멸망으로 치닫게 된다.

〈서인〉은 1687년경 율곡 이이의 학맥인 〈노론〉과 우계 성혼의 학맥인 〈소론〉으로 분당한다. 송시열이 영수가 되어 이끈 〈노론〉은 조선말기 200여 년간을 사실상 지배해온 독주체제의 붕당이다. 따라서 조선은 남인, 북인, 노론, 소론이 공존하면서 사색당쟁을 한 사실이 전혀 없는 것이다.

선비의 나라 조선은 지식인 학자들의 나라이다.

학자들의 나라 조선에서의 정쟁은 논리의 싸움이었다. 논리의 싸움은 학문적 축적 없이는 이루어질 수 없는 것이다. 신하들의 논쟁으로 전제왕권은 신권(臣權)에 의해 중화되고 견제 될 수 있었다. 그만큼 조정은 시끄러웠으며 시시비비의 토론은 끊이지 않았다.

칼로 위협하여 일방통행의 힘으로 다스리는 사무라이의 나라 일본 지도자들의 마인드로는 붓으로 상소문을 내고 말로 시비를 가리는 사대부들의 토론행위가 이루어지는 조선왕조가 도저히 이해하기 어려운 나라였던 것이다.

조선은 지식인 선비의 나라였다. 비록 자신은 가난하지만 지조와 사명감을 먹고 안빈락도 하는 서생의 나라였다. 조선사회에서 선비는 감 놔라 배 놔라 정치에 참견을 하고, 일의 행태가 올바르지 않고 그른 일에는 인정사정 봐주지 않고 비난했다. 상호 비판하며 요모조모 따지는 시비지심(是非之心)이 살아 움직인 나라였다.

사실 지식인은 가장 예민하면서도 자신감에 가득 찬 집단이다.

자기 이상의 실현과 주위 사람들의 존경이 가장 절실하게 필요한 집단이다. 현실은 항상 이상과 어긋나고 실천은 꿈과 괴리가 있었지만, 선비는 지식인의 역할을 목숨을 걸고 실행하려 했다. 선비는 재물을 위해 싸우지 않았고 관직을 위해 싸우지 않았으며 오직 자신의 생각이 옳다는 것을 증명하기 위해 싸웠다. 그들은 토론을 하고 논쟁을 하였다. 전재군주국가체제에서 조선은 정신적 자유를 누리기 위한 신하들의 투쟁이 만발한 민주의식이 강한 나라였다. 17세기에서 18세기에 걸쳐 조선은 지구촌에서 가장 토론과 논쟁이 활발하게 전개 된 나라였던 것이다. 이웃나라 중국과 일본에서는 조선과 같은 토론문화가 없었다. 오직 황제와 장군(쇼군)의 수직적 명령하달만 존재했다.

프랑스의 버나드 헨리 레비는 "지식인이란 바로 논쟁"이라고 하였다. 독일의 빌헬름 폰 훔볼트는 "사회를 교정하는 힘은 지식인으로부터 나온다."라고 말했다. 지식인의 영향력은 이미 우세한 세력이라도 교정해 버리는 힘이 있다. 강한 세력들이라고 해서 항상 사회를 건강한 방향으로 이끌 수 있는 것은 아니기 때문이다.

정치라는 영역에는 쓸데없는 사람의 지적이 꼭 필요하다. 이 세상에는 실제 유용성과 관련 없는 책들이 훨씬 많이 나와 있다. 이런 책들은 쓸데없는 취향이나 이상 때문에 존재하는 것이 아니다. 이런 책들이 나와 있기 때문에 사회는 더 건강하고 진지하게 발전할 수 있다. 올바른 가치를 이해하고 그것에 뜨거운 열정을 갖게 하는 것이야말로 가장 기본적인 국민교육이 될 수 있는 것이다.

실제 유용하다는 것은 현재에 유용하다는 것이다. 현재에 유용하다는 것은 실용주의가 존재하는 바탕이다. 따라서 실용주의는 현재성에 국한되는 위험을 배제할 수 없다. 오늘날에도 실용주의를 비판하는 사람들은 '실용주의는 실용주의라는 철학 자체가 잘못됐으므로 실용주의에 기반한 정치지도자의 정책은 성공할 수 없다'고 강력하게 주장한다.

실용주의는 철학이념의 반대적 개념이다. 현대의 실용주의는 어디에서 탄생했는가? 19세기 말 미국에서 탄생했다. 실용주의의 아버지는 윌리엄 제임스(1842-1912)이다. 그는 현대심리학의 아버지이기도 하다. 1898년 윌리엄 제임스는 UC버클리에서 '철학개념과 실용적 결과'라는 실용주의 연구논문을 발표하고, 1907년에 『실용주의』라는 제목으로 책을 출간하여 서구학계에 실용주의의 대표 철학자로 각인됐다. 실용주의는 이념보다는 유용성, 효율성, 실제성을 강조한다. 실용주의는 서구사회의 기업가정신뿐만 아니라 정치, 사회, 법률, 예술 분야에 까지 광범위하게 영향력을 끼쳐 왔다.

근대화 시기에 일본의 메이지 정부 지도자들은 실용주의 사상에 일찍이 눈떴다. 실용주의는 상업을 중시하는 중상주의자들에게 잘 맞는 철학이다. 시장경제에서 생존하기 위해서는 마음이 바뀔 수밖에 없다. 실용주의는 '마음이 바뀌는 사람들을 위한 철학'이라는 비판을 받는 이유다. 일본인은 조선왕조의 토론과 논쟁의 정치상황을 전혀 이해할 수 없었다. 그들은 조선 선비의 정신적 자유를 쓸모 없는 것으로 치부해 버리는 무지의 결단을 서슴없이 자행했다. 그들은 한국의 유구한 역사를 파괴했고 한국의 선비정신을 파괴했다. 일본은 그들이 만든 식민사관으로 조선을 난도질하였던 것이다.

식민사관은 식민 지배를 쉽게 하기 위해 억지로 꿰어 맞춘 역사적 관점을 말한다. 일본의 사학자뿐만 아니라 당시 우리나라의 기성사학자들도 일제가 만든 식민사관에 의한 교육을 받고 오직 식민사관에만 붙잡혀 있었다. 우리의 사학자들이 일본인이 만든 식민사관에 붙잡혀 있는 한 우리는 우리 역사의 진실을 알 수 없다. 일제의 식민사관으로 교육을 받은 기성사학자들이 식민사관을 말끔히 세척하고 왜곡된 편견에서 벗어날 때가 우리역사의 빛과 그림자를 제대로 바로 알 수 있는 출발점이 될 것이다.

앞에서 설명한바와 같이 일본에서 '조선실천성리학'을 열어나간 사람은 후지와라 세이카이다. 유학자로 이름을 날리게 된 후지와라 세이카는 에도막부를 세운 도쿠가와 이에야스의 스승이 되고 최고권력자의 측근이 되었다. 도쿠가와 이에야스는 임진왜란으로 쇠락해진 국력을 다시 일으켜 세우기 위해 후지와라 세이카에게 문화창달을 위해 무엇을 어떻게 해야 하느냐고 물었다.

후지와라 세이카는 주저하지 않고 '조선실천성리학'을 국학으로 수용할 것을 건의했다. 도쿠가와 이에야스는 '조선실천성리학'을 에도막부의 국학으로 채택했다. 이로써 일본은 싸움으로 날이 새고 싸움으로 날이 지는 전쟁의 악순환을 단절할 수 있었다. 그리하여 성리학적 문예부흥을 일으키게 되었다. 강항을 비롯한 조선 선비들이 일본에 전수한 '조선실천성리학'이 없었으면 한국과 일본 사이에 260여 년의 평화시대는 찾아올 수 없었을 것이다.

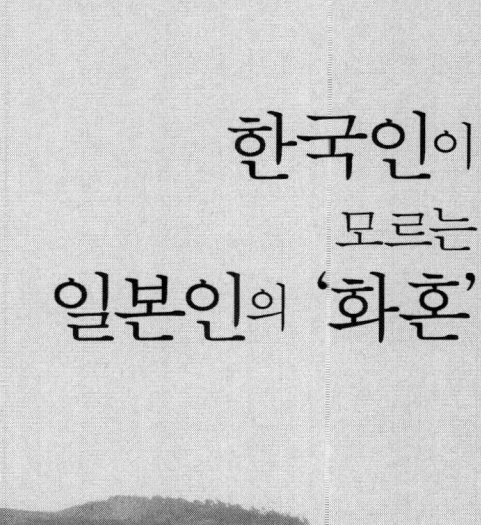

한국인이
모르는
일본인의 ‘화혼’

●●● 일본인은 아무리 가까운 사이에도 넘어 설 수 없는 자신만의 세계를 구축 해 놓고 있다.

'너는 너', '나는 나' 라는 매우 개인적이고 독립적인 인간관계를 가지고 있다는 점을 한국인은 깊이 인식 해 둘 필요가 있다. 한국인처럼 '우리'라는 연대 감으로 서로 뒤엉키는 뜨거운 정을 기대 할 수 없는 사회다. 일본인은 정이 없다. 한국인이면 누구나 가지고 있는 따뜻하고 포근한 정이 없다.

한국인은 콩 하나라도 갈라서 나누어먹는다. 이것은 정의 문화다. 일본인은 콩을 나누어 먹지 않는다. 동네방네 음식을 나누어 먹는 습관이 없다. 자기가 먹고 싶은 음식은 자기가 장만하여 자기가 먹으면 되는 것이다. 한국인처럼 집안에 좋은 일이 있다는 이유만으로 떡을 만들어 이웃 집에 나누어 주는 미풍양속이 없다. 이런 점에서 일본인은 서양인의 개인주의에 못지 않는 비정의 문화를 가지고 있다.

한국인은 태풍이나 수해, 가뭄, 재난, 재앙 등의 사회적 어려운 일이 발생할 때 마다 십시일반 정신으로 성금, 기부금, 구호금, 의연금을 낸다. 상부상조의 전통문화를 가지고 있는 것이다. 방송을 비롯한 언론에서 앞장서서 독려한다. 한국의 IMF 외환위기 때 금 모우기 운동이 전국적으로 일어났던 것이 대표적 사례. 가정마다 장롱 속에 간직했던 금 가공품을 정부에 내놓기 위해 모두 들고나온 한국인들을 보고 일본인들은 자기들은 도저히 할 수 없는 일이라며 고개를 가로흔들며 놀라워했다.

일본인은 '지진' 같은 처참한 재난에 처해도 '자기책임' 정신을 강조한다. 꿋꿋하게 혼자의 힘으로 일어나야 한다고 생각한다. 일단 일어난 재난에 대하여는 현실을 납득하고 수긍해버리는 체념적 습성도 가지고 있다. 빨리 체념해 버리고 현실을 인정해버리는 '쇼가 나이'(しょうがない) 정신은 일본인을

어려운 환경 속에서도 고통을 잘 참고 견디며 서로에게 양보하는 질서정연한 국민으로 돋보이게 만드는 원동력으로 나타난다.

2011년 3월 11일에 발생한 동일본 대지진, 쓰나미, 원전폭발사고 사태로 일본은 2차 세계대전 패전 후 초유의 어려움에 처해졌다. 일본의 재난, 재해에 대하여 한국은 방송사가 앞장서서 대대적으로 국민 성금운동을 전개하였다. 기업인, 연애인, 스포츠 인들은 개인적으로 거금을 일본의 피해자들을 위하여 내놓았다. 한국인이 보여준 국민적 성금운동에 일본인은 너무 놀라워하였다. 한편 신선한 자극을 받았다고 일본신문들은 토도하였다. 왜냐하면 일본인은 '자기 몫은 자기가 해결해야 한다'는 '자기책임' 정신의 국민정서가 강했기 때문이다.

일본인의 평등의식이란 '남에게 폐를 끼치지 않는 것'을 말한다. 일본사회에서 평등하게 서로 균형 잡힌 삶을 유지하기 위해서는 무엇보다 '자기 몫은 자기가 책임져야 한다'는 전통적 '자기 몫'의 가치관을 가져야 한다.

일본인은 부모자식간, 형제간에도 어려운 처지에 놓여 있는 사람을 그냥 도와주는 법이 거의 없다. 도와 줄 형편이 되더라도 서로 차용증서를 교환한다. 또 반드시 갚는다는 약속에 필요한 법률적 절차를 밟은 후에 돈을 빌려 받고 돈을 빌려준다. 당사자들은 그 약속을 이행하려고 최선을 다 해야 한다. 이렇게 가족간, 친척간의 돈 거래에까지 '비즈니스 다인드'에 입각한 채권채무 관계를 분명히 하고 있다. 한국인의 입장에서 생각하면 참 무정하고 비정한 일이라고 하겠지만, 일본인에게는 너무나 당연한 일이며 일상적인 일이다.

일본인은 만약에 성인 한 사람이 자기앞가림을 자기 힘으로 하지 못한다면, 그것은 바로 '사회의 평등'을 깨어버리는 해악행위라고 생각한다. 마치 '상자 속의 썩은 감귤' 이 되어 모든 감귤에 나쁜 영향을 준다고 생각하는 것이다. 감귤을 담은 상자 속에 썩은 감귤이 하나 들어 있으면 그 감귤로 인해 다른 감귤들이 감염되어 쉽게 상해버린다. 일본인은 "상자 속의 썩은 감귤"이 되는 것을 가장 싫어한다.

인류 역사에서 '공산주의 전체경제'와 '사회주의 통제경제' 체제의 실험이 70년을 넘기지 못하고 실패로 돌아갔다는 사실을 우리는 잘 알고 있다. 오늘날 인류사회에 국가공동체 운영의 가장 보편적 체제로 남아 있는 것은 '자유민주주의 시장경제' 체제 가 유일하다.[10]

'자유민주주의 시장경제' 체제를 유지하고 발전시키기 위해서는 반드시 필요한 전제조건이 있다. 그것은 국민의 '자유의지'와 구성원의 '자기책임' 정신이다. 즉 개인의 '자유의지'와 개인의 '자기책임' 정신이다. '자유의지'와 '자기책임' 정신이 없으면, '자유민주주의와 시장경제'는 허울좋은 개살구에 불과하다. 민주주의는 국민의 '자유의지'라는 뿌리에서 태어나고 지속적으로 자라야 꽃이 핀다. 시장경제는 국민의 '자기책임'이라는 뿌리에서 태어나고 지속적으로 자라야 열매를 딸 수 있다.

1997년 11월 한국은 정부의 외환정책 미숙으로 국가경제가 위기에 빠지고 외환보유고가 바닥이 나서 국가부도에 직면했던 일이 있었다. 한국의 기업들은 패닉 상태에 빠졌고 직장에서 해고당한 가장들은 캄캄한 벼랑 앞에 내몰렸으며 청년들은 일자리를 달라고 아우성쳤다.[11]

---

10) 중국은 사회주의 정치체제 이지만, 자본주의 시장경제 체제를 수용하여 중국식 사회주의 시장경제를 실험하고 있다.

11) IMF 외환위기의 원인은 정부가 무리하게 OECD 가입을 추진한 것이 주 원인이었다. 아시아에서 일

정부는 IMF의 구제금융을 받고 간신히 외환위기를 탈출했다. IMF가 한국에게 구제금융을 제공하면서 우리나라 금융정책이 IMF수중에 들어갔을 때 한국정부는 외화를 차입하기 위해 온갖 노력을 기울였다.

필자는 당시 일본의 재계와 금융계 지도자들을 한국에 투자하도록 유치하기 위해 '외국인 투자설명회'를 주선하는 일에 뛰어들었다. 일본의 재계와 금융계 지도자들을 한국에 초청하여 투자설명회를 개최하는 일이었다. 일본의 투자자들이 한국에 오면 우선 일본대사관에 들러서 사전교육을 받는 것이 순서였다.

주한 일본대사관의 연수장소에서 거론되었던 이야기다. 일본대사관의 경제공사가 설명에 앞서 일본인 참석자들에게 질문을 던졌다. 일본인이라면 누구나 알고 있는 두견새 이야기를 화두로 질문을 한 것이다.

"여러분, 오다 노부나가[12]는 두견새가 울지 않으면, 울지 않는 새의 목을 비틀어버리고, 토요토미 히데요시[13]는 새가 울지 않으면, 갖은 수단 방법을 강구하여 새가 울도록 만들고, 토쿠가와 이에야스[14]는 새가 울지 않으면, 새가 울 때까지 기다리는 사람임을 아시지요? 자, 질문 하겠습니다. 한국의 대통령은 새가 울지 않으면 어떻게 할까요?"

---

본 다음으로 OECD에 가입하겠다는 조급한 정책이 문제의 초점이었다. OECD는 선진국 클럽이라는 경제협력개발기구다. OECD에 가입하려면 자본시장을 완전히 개방해야 하는데, 당시 우리나라는 자본시장개방의 준비가 되어 있지 않았다. 이런 점 때문에 싱가폴, 홍콩, 대만 등의 아시아의 신흥공업국가 (NICS)들은 OECD가입에 소극적이었다. 탄탄한 준비 없이 OECD에 가입하면 국내자본시장이 불안해져 큰 경제위기가 닥쳐올 것이 명확했기 때문이다. 한국에서는 실제로 OECD에 가입한 후, 우후죽순처럼 난립한 종합금융사와 은행들이 마구잡이로 금리가 싼 단기외화를 차입하기 시작했고, 차입한 외화가 회수되기 시작하자, 국내 금융기관은 속수무책으로 당했다. 정부가 OECD에 가입한지 꼭 1년 만에 외환위기가 닥쳐왔던 것이다.

12) 일본의 전국(戰國)시대에 통일의 기초를 닦아 낸 다이묘.
13) 오다 노부나가의 사후에 통일의 열매를 거머쥔 불세출의 노력파 장수.
14) 토요토미 히데요시의 사후에 에도막부 시대를 연 쇼군.

아무도 대답을 못하자, 그 공사는 이렇게 말했다.

"제가 정답을 알려드리죠. 한국의 대통령은 -어떻게 하다니요? 새가 울지 않는 것은 내 책임이 아닙니다. 그것은 나와는 무관한 일 입니다-" 라고 대답한답니다.

이 일본인 해외 주재 공무원은 한국의 지도자에게 '자기책임의식'이 없다는 것을 통렬하게 비판하고 있었던 것이다.

한국의 외환위기로 닥친 IMF체제는 한국에 경제적 식민통치를 불러온 국치에 버금가는 국가위기였다. 그만큼 정부의 외환 무제한 개방정책은 분명한 정책실패였다. 무방비적 금융개방정책으로 외국의 단기 성 핫머니가 물밀듯이 국내에 들어왔던 것이다. 한국에서 단맛을 빼먹은 외국의 핫머니는 지불유예를 거부하고 상환을 재촉했다. 한국의 금융권과 대기업들은 단번에 외화부족 사태에 직면하게 되었던 것이다. 국민경제는 도탄에 빠졌다. 정부의 경제정책당국자는 마땅히 책임을 져야 했다. 그러나 정부에서 누구 한 사람 책임지는 사람이 없었다. 외화부족 사태의 원인을 기업과 국민의 외화 과소비에 있었다고 책임을 국민에게 전가할 뿐이었다. 정책수립의 잘못을 책임지는 공무원이 한 명도 없었다. 일본공무원은 한국공무원의 이런 모습에 대하여 냉엄하게 질책하고 있었던 것이다.

필자는 대기업의 일본법인 대표로 동경에서 통산 17년간 근무 하였다. 우리회사는 일본의 전 지역에 9개의 지점을 설치 하고 동경에 본사를 두었다.[15]

---

15) 1980년대 중반 한국제품의 대일수출 추진은 더 이상 미룰 수 없는 한국정부의 지상과제였다. 특히 일본시장개척은 대한민국 전경련회장(정주영 회장)이 직접 진두지휘 하도록 청와대(전두환 군사정부)의 특별지시가 떨어졌다. 당시 일본이라는 나라는 한국에 있어서 아주 중요한 의미를 가지고 있었다. 한국의 수출품은 농산물, 수산물, 일부 경공업 제품이 전부였다. 경공업 제품의 수출은 가공무역 시

덕택에 일본 경제계는 물론, 정치계, 학계, 문화계의 지도적 위치에 있는 일본인과 면담하고 교류하는 기회를 많이 가질 수 있었다. 우리나라에 없는 소재, 부품, 정밀기계 등 수출용 원자재를 수입하는 업무드 중요했지만, 한국상품의 대일수출을 위하여 일본시장을 개척하고 확대하는 것이 더 중요한 임무였다. 그러기 위해서는 매일 일본기업의 지도적 인사를 만나고 한국제품을 설명하고 한국상품으로 인해 발생하는 제반 문제를 해결하는 것이 일과의 대부분이었다. 그럴 때 마다 2차 세계대전의 패전에서 참혹하게 파괴되었던 일본이라는 나라가 다시 우뚝 일어나서 세계 2위의 경제대국이 된 근본동력이 무엇인지에 대해 알고 싶었다. "길게 얘기하지 말고 한마디로 요약하여 말씀해 주십시오. 단 한마디로 표현한다면 무엇이라 생각합니까?" 라는 질문을 기회 있을 때 마다 하였다.

1979년부터 1982년 까지(4년), 1983년부터 1993년까지(10년), 1998년부터 2001년까지(3년) 필자가 만난 일본인은 약 3만여 명이 된다. 그 중에서 필자의 질문에 대답한 대표적 인사는 약 100 여명에 달한다.

일본 '케이단렌'(經團聯)의 이나야마 회장, 사이토 회장, 히라이와 회장, 동경상의(東京商議)의 고토 회장, 카지마 회장,

---

스템으로 원부자재를 거의 일본에 의존했다. 일본은 원자재, 소재, 부품을 한국에 수출하는 공급자였고, 일부 완제품을 한국으로부터 수입하는 소비자이기도 했다. 한국은 대일무역 역조가 심했다. 한국의 수출이 늘어나면 늘어날수록 대일 무역역조는 더 늘어나는 구조였다. 한국의 수출 산업에서 현대는 중후장대형 산업의 개척자다. 중공업제품을 만들어 수출하는 기업은 현대가 유일하다. 따라서 해외시장을 넓게 개척하여 외화벌이를 많이 하고 있던 현대는 대일무역역조의 상당부분을 점하고 있었던 것이다. 이러한 시대적 현상이 정주영회장으로 하여금 일본시장 개척에 남다른 열정을 쏟아 붓도록 한 자극제가 되었음이 틀림없었을 것이다. 80년 대 중반 정주영회장은 필자를 불러 일본의 전 지역을 카버 할 수 있도록 지점 수를 늘리라고 지시했다. 현지법인의 본사를 도쿄에 두고 일본열도의 지방 상권별로 지점을 설치했다. 일본에 9개의 지점을 가진 한국기업은 현대가 처음이었다. 〈도쿄〉, 〈오사카〉, 〈나고야〉, 〈히로시마〉, 〈후쿠오카〉, 〈다카마쓰〉, 〈센다이〉, 〈니가타〉, 〈삿포로〉 등에 주재원을 파견하고 현지직원을 채용했다. 일본열도 전국을 카버할 수 있는 영업 네트워크를 만들었다. 법인의 종업원은 파견 주재원이 40여 명, 현지채용 직원이 160여 명으로 총 200여 명의 멘 파워를 갖추었다. 당시 한국기업의 일본법인으로는 최대인원이었다.

일본의 9대 종합상사 인 미츠비시, 미츠이, 스미토모, 이토츄, 마르베니, 닛쇼이와이, 카네마츠 고쇼, 니치멘, 토멘의 회장 및 사장,

일본 최대의 전자업체 인 소니, 마츠시타, 히타치, 후지츠, NEC의 회장 및 사장, 일본의 대표적 제철회사 인 신일본제철, 카와사키제철, 니혼강관의 회장 및 사장, 일본의 중앙은행 인 일본은행 총재 및 임원, 일본의 대표적 금융기관 인 일본장기신용은행 행장, 토쿄은행 행장, 스미토모은행 행장, 다이치칸교은행 행장 등 금융기관의 책임자들, 일본의 유력언론 인 아사히 신문, 니혼케이자이 신문, 마이니치 신문의 사장 및 편집국장 등 언론기관의 고위 인사들, 일본 정계의 참의원 의원, 중의원 의원 등 정치인들, 일본 지방자치 단체의 장 인 니이카다 현 지사, 홋가이도 도지사, 오사카 시장, 나고야 시장, 요코하마 시장 등 일본 내각의 통산성 대신 등 행정부 고위인사들, 일본의 대표적 대학 인 토쿄대, 케이오 대, 와세다 대, 쿄토 대, 토호쿠대, 가쿠슈인 대, 오차노미즈 대의 교수 등이 포함되어 있다.

필자가 만난 일본의 지도자, 지식인들은 이구동성으로 누구에게 물어도 동일한 대답이 나왔다. 참으로 신기하다고 생각했다. 누구에도 물어봐도 같은 대답이 나온다는 사실은 놀라운 현상이었다. 그것은 섬뜩하게 느껴졌다. 일관적이고 체계적이고 총체성을 가진 대답은 아름답다. 동시에 무서운 현상이라는 생각을 배제할 수 없었다.

일본인이 이구동성으로 대답한 말은 '와콘 요사이'(和魂洋才)라는 단 한마디였다. '화혼양재'가 무엇인가? 먼저 '양재'라는 말을 살펴보자. 이것은 '바다건너의 재주'라는 뜻이다. 바다건너의 문명, 문화, 기술, 지식, 정보 등을 '양재'라고 말한다. 그러한 '양재'를 모두 받아들이는 '개방성'을 제일로 꼽았

다. '바다건너의 재주'는 당시에 대부분 동양보다 앞서 있었던 서양의 문물과 기술과 정보를 뜻하는 것이다.

다음으로 '화혼'을 살펴보자. 이것은 해외의 문명, 문화, 지식, 선진 정보와 첨단 기술을 받아 들이되, 여기에 반드시 일본인의 혼을 가미 시켜, 일본화 시켜서 받아 들인다는 결의가 들어 있다. '화혼이라는 일본적 정신의 근본'에다가 '바다 건너에서 들어온 재주'를 가미 또는 접목시킨다는 뜻이다. 가미시키고 접목시켜봐서 일본인의 일본정신에 맞으면 받아들이고, 그렇지 않으면 일본식으로 바꾸어서 받아들이며, 일본정신에 정녕 부합시킬 수 없는 것은 단호하게 거부해버리는 방식이다.

'화혼'(和魂)이라는 것은 일본의 건국이념이라고 교과서에 적혀있다. 여기에는 두 가지의 일본정신이 포함되어 있다. 일본인의 '자기 몫' 정신과 '자기 분수' 정신이다. 건국이념인 '화혼'을 계승발전 시킨 것이 일본의 국민정신이다. 그래서 일본음식을 화식(和食)이라 하고, 일본 옷을 화복(和服) 이라 하며, 일본 노래를 화가(和歌) 라고 하고, 일본식 스타일을 화풍(和風) 이라고 표현한다.

화(和)라는 글자는 벼(禾) 와 입(口)을 합성한 것으로 '사이 좋게 밥을 먹는다'는 뜻이다. '한 식구끼리 단합하여 같이 지낸다' 라는 의미다. 이것이 '사무라이 정신'의 모태가 된 일본인의 민족정신이다.

'화혼양재' 정신은 일본인 특성에 맞추어서 실용적이며 실질적으로 도움이 되는 것은 받아 들이고, 그렇지 못한 것은 '화혼'에 맞도록 조절, 조정하여 새로운 가치(일본식 가치)를 부가적으로 창출 해서 받아 들인다는 정신이다. 이러한 '화혼양재' 정신은 19세기 중엽 일본이 미국의 흑선(黑船)에 의해 처음으로 서양인들에게 항구를 개방 한 이후 오늘에 이르기 까지 일관되게 체계적으로, 조직적으로, 총체적으로 추진되고 이행되어 왔다.

일본은 도쿠가와 이에야스의 '에도 막부' 정권이 유지된 260여 년간 평화로운 섬나라를 건설하여 일본식 전통 문명의 꽃을 피웠다. 그 후 '에도 막부'가 무너지고, 천황정치가 전면에 나서는 '메이지(明治)유신'이 1868년에 성공함으로써 일본은 서구의 신천지 문명과 눈부신 접목을 하게 된다. 동양최초로 입헌군주국가가 탄생됐다. 이때 일본국민의 정신적 혼란을 바로 잡고 일본인의 근대적 사상을 추스른 대학자가 나왔다. 바로 후쿠자와 유키치(福澤諭吉)이다. 일본 화폐의 만엔 권 지폐에 초상화가 실려있는 인물이다.

후쿠자와는 1885년에 탈아입구론(脫亞入毆論)을 제창하였다. 그의 주장의 요지는 이러했다.

"일본은 조선과 중국의 개명을 기다려 함께 아시아를 흥하게 할 여유가 없다. 일본은 그들과 결별하고 서양의 문명국들과 진퇴를 같이 해야 한다. 나쁜 친구를 사귀면 함께 오명을 피할 수 없다. 우리는 아시아의 나쁜 친구를 사절 해야 한다. 조선과 중국을 상대하지 말고, 오로지 서양의 선진 문물을 받아 들여 일본을 근대화 하자."

그 시절, 일본을 위하여 내어 놓은 그의 처방은, 올바른 지식인의 처방으로 인식되어 '메이지 유신'에 성공한 일본의 정치지도자 인사들에게 즉각 받아 들여졌다. 19세기 말미에 일본의 정치적 지도자들은 그의 '탈아입구론'에 열광했던 것이다.

일본의 국민성에는 역사적으로 '강자에 약하고, 약자에 강하다'라는 딱지가 붙어 있다. 일본열도 안에서 땅 따먹기 싸움이 한창이었을 때 사무라이들은 강자에게 붙는 성향이 강했다. 후쿠자와의 '탈아입구론' 이후에는 '일본은 강국에 약하고, 약국에 강하다'라는 또 하나의 딱지가 붙게 되었다. 뿐만 아니라 '탈아입구론' 정신은 어느덧 일본국민의 보편적인 철학으로 자리잡게 되었다. 일본인의 '탈아입구론' 정신은 그대로 일본정부의 정책으로 수립되었고 오늘날 까지도 대외정책에 일관성 있게 추진되어 오고 있는 것이다. 일본의 이러한 대외정책은 한국이나 중국이 지구촌을 리드하는 수준의 강대국이 될 때까지는 계속 지켜질 것이다. 왜냐하면 오늘날에도 일본의 기본 대외정책은 여기에서 조금도 벗어나 있지 않기 때문이다.

일본의 정치지도자 중에는 앞으로 일본은 한국, 중국 및 아시아 국가들에게 더 친밀해져야 한다는 생각을 가진 사람들이 늘어나고 있기는 하다. 이것은 세계2차 대전 이후 산업화와 민주화에 성공한 유일한 나라로 '한강의 기적'을 이룬 한국의 국력과 국제적 위상이 높아졌기 때문이고, 국제시장에서 G2라 불릴 만큼 세계 제2위의 경제대국으로 부상하고 있는 중국의 힘이 막강해졌기 때문이다.

일본은 강자에 약하고 약자에 강한 나라임에 틀림없다. 일본인은 강자에 약하고 약자에 강한 사람들이다. 반면, 한국은 강자에 강하고 약자에 약하다는 말을 듣는다. 스포츠 게임에서만 그런 것이 아니고 한국인의 삶 자체가 강자에 강하고 약자에게는 약한 것이다.

필자는 한국인이 일본인을 생각할 때 꼭 인식해야 할 특징적 사항을 몇 가지 지적해 두고 싶다.

첫째: 일본인은 지구촌에서 한국인과 가장 비슷한 외모를 가지고 있다. 하

지만 일본인의 정신은 한국인의 정신과 다르다. 일본인은 일본식 특유의 섬나라 민족성을 지니고 있다. 일본인은 '점토'와 '다다미'의 성질을 가지고 있다. 점토는 모래와 달라서 서로 한 덩어리가 되는 성질이 있다. 다다미는 '이구사'라는 풀로 만들어지는데, 이 풀은 홀로 있을 때는 쉽게 꺾이지만 같이 묶어놓으면 칼로 찍어도 꺾어지지 않는 특성이 있다.

둘째: 일본은 국가적으로 '일본인 특유의 정체성'을 분명하게 확립했다. 하나의 국민적 정체성을 만드는데 성공한 나라이다. 전국민이 하나로 뭉칠 수 있는 동질성을 체계적으로 배양하여 왔다. 일본인은 국내시장에서는 무한경쟁을 한다. 그러나 해외시장에서는 유한경쟁을 한다. 일본인끼리 담합하고, 일본기업끼리 협력하여 국익을 우선한다.

셋째: 일본인은 지구촌에 '사무라이 브랜드'를 홍보하여 외국인들에게 일본인 하면 '사무라이'를 연상하도록 호감 도를 높였다. 일본정부는 일본적 철학, 사상, 문화, 예술의 수출을 위해 국가적으로 조직적으로 부단히 매진하여 왔다. 예를 들면 일본시장에서 발행하는 엔화표시 외채를 '사무라이 펀드'라고 부르고, 일본의 축구응원단은 '사무라이 블루'라고 호칭한다. 허리우드에서 제작한 영화 '라스트 사무라이'는 서구인들에게 일본인의 사무라이 정신을 재조명하여 주는 계기를 제공했다.

넷째: '화혼'이라는 건국이념을 국민교육에 포함시켜 꾸준히 교육시켜왔다. 근간인 체(體)로서는 '사무라이 사상'을 모태로 했다. 도구인 용(用)으로서는 '화혼양재' 정신으로 발전시켰다. '사무라이'사상과 '화혼양재'정신은 일본인의 정체성으로 부각됐다. 오늘날 일본의 공무원, 경제인, 문화인의 정신자세와 협상태도에 내재화 되어 있다.

다섯째: 일본에는 공동체를 배려하는 성리학적 생활요소가 삶에 농축되

어 있다. 그 중에서도 사람들이 서로 만나거나 헤어질 때 허리를 굽혀 절하는 예절을 현대사회까지 지켜오고 있다. 일본인은 사회질서가 서양화 되어 가는 과정에서도 공손하게 허리를 깊이 굽혀서 인사하거나 방안에서 서로 마주보고 큰절하는 인사 법을 그대로 지켜오고 있다. 전통사회의 미풍양속을 계속 유지해오고 있는 것이다. 큰 절 하는 행동양식과 제 몫을 다하자는 자기책임정신은 일본인으로 하여금 공동운명체적 단합된 국민의식을 만들어 내는데 일조했다.

필자는 일본에 체제하고 있는 동안 일본의 기업인들로부터 일본식 전통 요정에 초대 받는 일이 몇 번 있었다. 그들은 손님을 초대하면 반드시 손님 보다 먼저 도착해서 방안에서 기다리고 있었다. 그러다가 손님이 들어서면 다다미 방바닥에 무릎 꿇고 앉아 두 손 모아 엎드려서 큰절도 손님을 맞이 해주곤 했다. 이런 인사방법은 조선의 선비들이 일본에 전수해 준 한국의 전통적 양반식 인사 방법이다. 전통사회에서 한국인은 서로 만나면 우선 방안으로 손님을 모시고 들어가 무릎 꿇고 큰절을 올렸다. 이것이 처음 만나는 사람을 대할 때 상호 통성명하는 인사방식이었다. 먼저 상대방에게 큰절 인사의 예부터 갖추고 난 뒤에 비로소 용무를 보았던 것이다

한국의 전통미풍양속이 한국에서는 사라지고 없는데 일본에서는 아직까지 잘 보존되고 있는 모습을 일본의 도처에서 확인할 수 있었다. 한국 선비의 기품이 서려 있는 전통 인사법이 한국사회에서 사라져 볼 수 없는 현실이 안타깝다. 이러한 우리의 전통 인사 법이 일본에 전수되어 일본인에게 남아 있는 것을 보고 필자는 내 고향에 온듯한 편안한 느낌을 느낄 수 있었다.

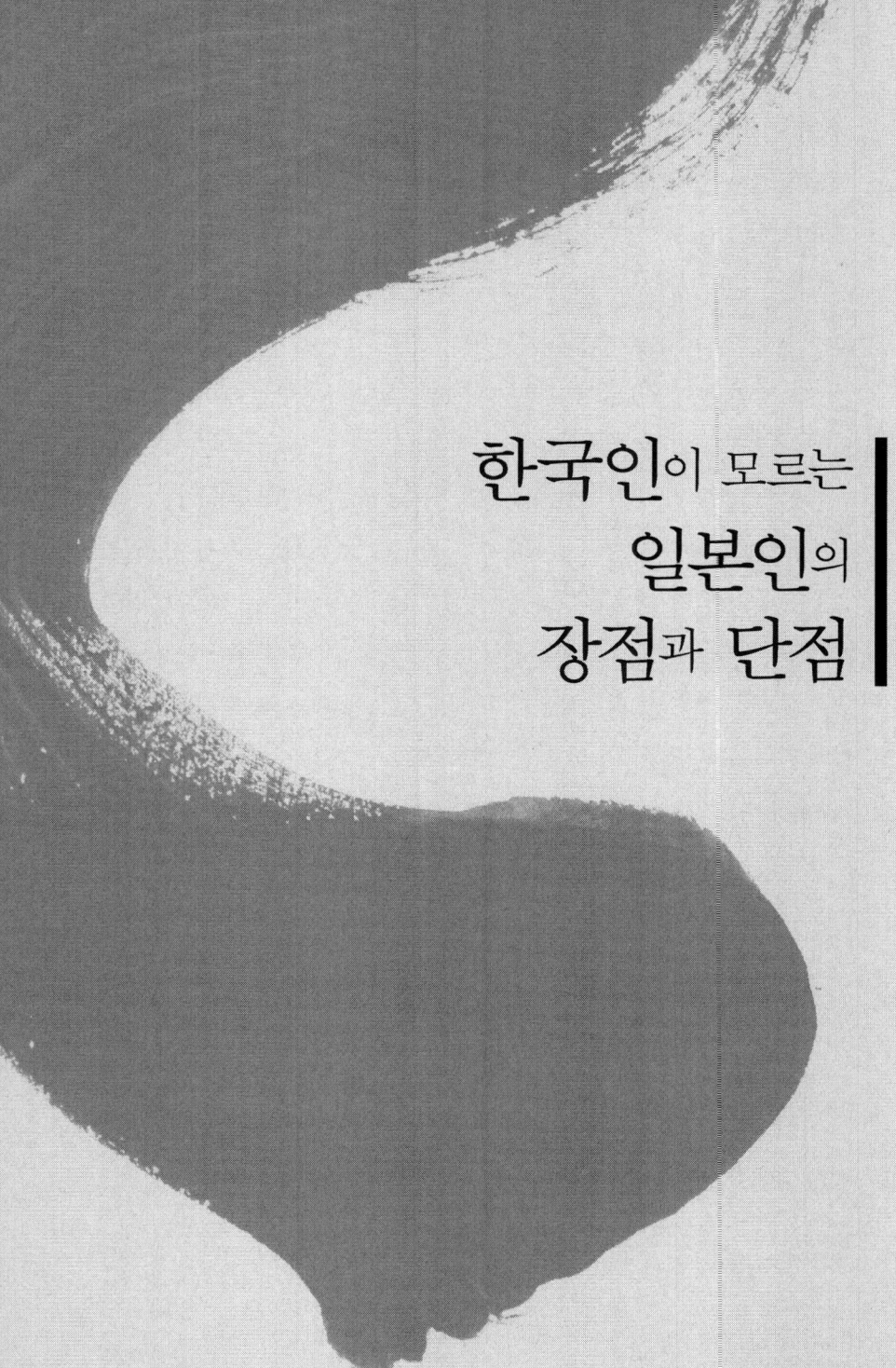

한국인이 모르는
일본인의
장점과 단점

●●● 일본인의 생활을 깊이 들여다 보면 참 성의 있게 살고, 성실하게 일하고 있구나, 하는 것을 알 수 있다. 필자가 처음 거주한 곳은 도쿄 도시마쿠 이케부쿠로역 부근이었다. 두 번째 거주는 신쥬구쿠 신쥬구교엔역 부근, 세 번째 거주는 분쿄쿠 고이시카와쵸에 살았다.

처음 거주한 이케부쿠로에 있을 때, 맨션의 베란다 창틀이 망가져서 창틀을 취급하는 인부를 불러서 고쳤다. 그 인부는 반듯하게 새 창틀을 달고 난 후 베란다를 깨끗하게 청소해 놓고 떠났다. 자기할 일만 다 해놓고 다음 일을 하러 떠난 것이다. 공사대금은 구좌로 입금해 달라는 쪽지 하나가 남겨져 있었다. 서로 믿는 신용사회란 이런 것이구나, 하고 생각했다.

집안의 공사이건 집밖의 공사이건 일본인의 공사장은 세계에서 제일 깨끗한 공간이라 할 수 있다. 공사장은 공사장이라기 보다 정리 정돈의 모델 공간이나 마찬가지처럼 보였다. 일본인은 공사장일수록 깨끗하게 청소한다. 공사장에서 일본인이 작업하는 것을 일부러 지켜본 일이 있다. 작업장의 인부들은 누가 시키는 사람이 없는데도 참으로 성의 있게 자신의 작업을 마무리하였다. 특히 도로공사 현장은 매 공정 별로 청소를 해서 통행자의 불편을 해소시키는데 섬세하게 주의를 기울였다.

일본의 공무원들은 어떻게 일하고 있는가?

그들은 '성의'로 일하고 있다. 그들은 일본이라는 국가와 일본인의 후손들을 위하여 무언가 남겨 놓겠다는 일편단심으로 일하고 있다. 이런 것을 국가에 대한 충성심, 후손을 위한 애국심이라고 표현해도 좋을 것이다. '조선실천성리학'에서 배워간 고급사무라이 정신이 계승된 현상이다.

'성의'(誠意)라는 단어는 '격물'(格物) '치지'(致知) '정심'(正心)과 함께 수신(修身)

을 위한 전제조건이며 '선비정신'의 뿌리이다. 일본인은 '성의' 있는 생활을 영위하고 일본의 공무원은 '성의' 있게 공무를 집행하고 있다. 하지만 필자가 생각하기에는 너무 '성의'에만 집착한 나머지 '정심'을 놓치고 있는 것이 안타깝다는 생각이 든다.

'정심'은 양심이다. '정심'에서 출발한 '성의'라야 '격물' '치지'의 방향이 바르게 된다. '정심'은 편견이 없는 마음이고 집착이 없는 마음이며 정의(正義)의 마음이다. 일본인에게서 정의의 마음이 약해진 것은 일본지도층이 근대정부를 수립하는 과정에서 부국강병정책과 더불어 일본의 국익 일변도의 정책을 우선했기 때문이다. 일본은 조선 선비들이 전수해 준 '정심'에 대하여 다시 성찰해야 할 것이다. '정의'가 빠져버린 '성의'는 자기도 모르는 사이에 불의와 허위로 조장될 수 있는 위험성이 따르기 때문이다.


한국사회에서는 사람이 무슨 일을 할 때에 '정성'을 들이는 것을 가장 높은 미덕으로 간주한다. '정성'이라는 단어는 '정심'과 '성의'의 합성어다. 모든 일에는 '정심'이 없어도 안되고 '성의'가 없어도 안 된다. 따라서 이 둘을 합친 '정성'이라는 단어는 매우 중요하다.

한국인은 '정성'이 가득 찬 과정과 거기에서 나온 결과를 보아야 만족한다. 한국인은 '정성'으로 부모를 모시고 '정성'으로 자식을 가르친다.

한국인은 '정성'으로 사람을 대하고 '정성'으로 일을 한다. 하지만 일본인은 '성의'로 사람을 대하고 '성의'로 일을 한다. '정성'에는 '정심'이 바탕에 깔려 있다. '성의'에는 '정심'이 빠져 있고 '친절'로 포장되어 있다. 일본인은 '정심'이라는 바탕이 빠진 상태에서 '성의'만을 가지고 '친절'하게 사람을 대하고 있다. 국익 마인드와 상업 마인드의 행동이 점철되어 있는 것이다.

일본의 지도자들은 정치적인 목적이 있을 때 마다 역사왜곡을 서슴지 않았다. 일본의 오래된 역사서인 『고사기』 『일본서기』에도 왜곡된 기록이 많다. 7세기의 일본인은 신라를 배격하는 표현을 역사서에 많이 남기고 있다. 일본의 실제 초대천황격인 오진천황은 신라계의 인물로 3세기경 일본에 건너가서 고대 왜왕실의 지배자가 됐다. 그가 일본에 전파한 것은 '신도'라는 신라인의 토속종교였다. 그후 6세기경 일본천황은 백제인 계열로 바뀐다. 백제인 계열이 일본왕실을 잡은 뒤부터 당시의 지도층들은 신라를 적국으로 간주하는 표현을 하기 시작했다. 신라가 660년에 백제를 멸망시켰기 때문이라는 해석도 나오고 있지만, 삼국사기의 기록을 봐도 당시 고구려, 백제, 신라는 상호 적대적으로 싸웠던 나라다. 백제를 통해 불교가 전해지기 이전까지 일본의 종교는 신라인이 전해 준 '신도'였다. 불교는 일본에 들어가서 신불습합(神佛習合)으로 대부분 '신도'에 합병됐지만, 불교의 불씨는 작은 규모로 현지화 하는데 성공했다.

일본은 한반도의 영향으로부터 떨어질래야 떨어질수 없는 고대사를 가지고 있다. 이것은 일본왕실의 콤플렉스이자 일본지도층의 열등의식으로 존재한다. 이러한 열등의식은 역사왜곡을 수없이 만들어냈다. 일본의 역사왜곡은 가야가 망하고 이어서 백제가 망했을 때 수많은 한반도의 몰락한 왕족과 귀족들이 일본으로 건너갔을 무렵부터 움트기 시작했다. 한 번 왜곡한 역사는 더 많은 파생왜곡을 만들어 내었고, 드디어 일본의 고대역사는 왜곡투성이가 되었다. 이것은 일본의 고대사가 오늘날까지도 정립되지 못하고 갑론을박의 대상으로 남아있는 까닭이기도 하다.

한국인은 연역적으로 일하기를 좋아한다. 즉 '톱 다운' 식이다.

일본인은 귀납적으로 일하기를 좋아한다. 즉 '바틈 업' 식이다.

일본인은 현재에 놓여 있는 상황에서 판단한다. 왜냐하면 연역적으로 일을 하고자 하면 콤플렉스에 직면하기 때문이다. 일본인은 연역적 방법을 싫어한다. 일본인은 귀납적 방법을 좋아한다. 연역적으로 따지기 시작하면 지금까지 쌓아올린 역사가 모두 붕괴된다. 따라서 어떤 일을 추진하고자 할 때는 우선 그 일과 관련이 있는 정황을 현재를 기준으로 해서 파악하고, 새롭게 만든 기준으로 이해와 인식을 만들어 가는 방법을 선호한다.

과거사에 대해서도 마찬가지다. 자기에게 이로운 과거사는 취하지만 자기에게 이롭지 않는 과거사는 예사로 버려진다. 버려질 수 없는 과거사는 왜곡하고 조작하여 고쳐 만든다. 예를 들어 독도문제만 해도 그렇다. 사실 독도문제는 한국인에게는 큰 문제다. 분명한 자국의 영토이고, 따라서 아무도 의의를 달수 없는 영토 주권에 해당하는 문제이기 때문이다. 하지만 일본인에게는 별로 큰 문제가 아니다. 원래 일본의 영토가 아니기 때문이다. 더구나 제3국의 사람들에게는 독도가 한국의 영토이든 일본의 영토이든 전혀 관심의 대상이 되지 않는 사항이다.

독도가 원래부터 자기의 영토가 아니었으나 일본은 국제적으로 유리한 입장을 쟁취해 놓으면 실익을 챙길 수 있는 기회를 가질 수 있다고 판단한다. 독도의 해저에는 상상을 초월하는 유익한 자원이 많이 있기 때문이다.

일본정부는 각국의 지리 담당 국, 또는 지리 원이나 지리관련 학회, 영향력 있는 도서관의 지리분류 담당자, 그리고 선진국의 초 중 고교들에게 일본측의 일방적으로 만들어 낸 자료를 장기간에 걸쳐 면밀히 제공하여 왔다. 즉 독도가 일본 땅이라는 왜곡된 주장을 홍보하는데 앞장 서 왔다. 일본은 미래에 대비하여 초장기적으로 치밀하게 독도에 관하여 국제적분쟁권을 노리고 있다. 자라나는 청소년들에게도 '독도가 일본의 땅임에도 불구하고 한국이 실효적으로 강제지배하고 있다'는 논리를 만들어서 가르치고 있는 이유이다.

1977년 7월 14일 미국지명위원회가 '독도'를 'Dokdo'가 아닌 'Liancourt Rocks' 라는 지명으로 표기하기 시작한 것은 일본 외교관들의 장기적 플랜에 의한 치밀한 시도의 성공케이스이다.

'리앙쿠르 암'이라는 것은 1849년 프랑스의 포경선이 동해를 지나다가 발견한 바위섬 독도를 자기 선박의 이름인 'Liancourt'로 표기한 것이 시작이다. 프랑스에서는 오래 전부터 독도를 이렇게 표기하여왔다. 그러나 미국지명위원회는 '독도'를 'Dokdo'라고 표기 해오던 것을 1977년에 'Liancourt Rocks'로 변경해서 표기하기 시작한 것이다. 이것은 일본정부의 꾸준한 왜곡홍보의 결과이다. 일본정부는 어떻게 해서든지 독도를 국제분쟁지역으로 만들어 놓고 싶은 집착 때문에 왜곡홍보를 서슴없이 해오고 있다.

일본정부는 매년 연말마다 '독도'(Dokdo)는 '다케시마'(Takeshima)이며 일본영토라고 주장하는 문서와 지도를 세계 각국의 외무성, 지리국, 지리원, 지명위원회, 도서관, 박물관, 기록관, 각급 학교 등에 꼬박꼬박 보내오고 있다.[16]

이런 문서를 보낼 때도 외무성대신(장관)의 명의가 아니라 실무적 책임자의 명의로 보내는 것이 공무원들의 일하는 방식이다. 그것을 받는 사람도 기관장이 아니라 실무책임자 또는 담당직원에게 직접 보내는 '성의'를 보여준다. 이렇게 밑에서부터 귀납적으로 인식의 저변을 넓혀 나가는 '일본식 외

---

16) 2011년 8월 현재 세계각국지도 중 '독도' 단독표기는 3.9%에 불과하고, 대한민국의 영유권이 표기된 경우는 단 1.5%라고 한다. (2011년 8월 14일자 중앙일보)

교 '일본식 홍보'를 일본정부의 공무원들은 '성의' 있게 실천하 오고 있다. '바틈업' 식이다. 이것은 분명 '정심'이 결여된 '성의' 다. 분명히 표현하면 진실이 왜곡된 '친절'이다. 하지만 각 나라에 있는 실무자들은 겉으로 들어나 보이는 일본 공무원들의 '성의' 와 '친절'이 고마울 뿐이다. 그들은 일본인들이 '정심'이 없는 '성의'를 '친절'로 포장하고 있다는 사실을 알수 없는 것이다.

한국인은 감정발산에 유능하고 감정억제에는 무능하다.

일본인은 감정억제에 유능하고 감정발산에는 무능하다.

한국인은 욱하고 핏대를 잘 세운다. 그러면서 뒤가 없다.

일본인은 욱하지 않고 핏대도 세우지 않는다. 그러면서 반드시 뒤가 있다.

한국인은 순발력, 진취력이 있고 열정과 집중에 강하다.

일본인은 인내력, 절제력이 있고 분석과 분류에 강하다.

한국인은 서생(書生)적 문제의식이 강하고, 일본인은 상인(商人)적 현실감각이 강하다.

한국인은 의(義)냐, 불의(不義)냐를 따지는데 강하고, 일본인은 이(利)냐, 손해(損害)냐를 따지는데 강하다.

한국인은 핫(hot)하고 일본인은 쿨(cool)하다.

조선의 선비들은 대의 명분에 어긋난다 싶으면 핫(hot)하게 붓을 들었다.

일분의 사무라이들은 이익이 되고, 땅을 따먹을 일이 있으면 쿨(cool)하게 칼을 들었다.

일본인은 민간기업의 종업원들도 '성의' 있게 일하는 나라다. 민간인들도 연역적으로 일하는 것이 아니라 귀납적으로 일한다. 일본의 민간인은 지구촌에 제품, 서비스, 기술을 판촉 할 때 일본정부와 동일한 방법 즉 현재를 중심으로 한 국가이익시스템을 만들어 총력경주한다. 현실본위의 새로운 스타일의 방법을 활용 하여 섬세하고 치밀한 마케팅활동을 한다. 일본기업은 일본상품을 구매하는 상대방 기업의 사장이나 고위임원을 처음부터 접촉하지 않는다. 그 전에 항상 그 회사의 말단에 있는 담당자를 먼저 찾는다. 담당자에게 제품에 대한 설득과 이해를 구하여 밑바탕을 잘 닦아놓고 분위기가 익기를 기다렸다가 차례로 팀장, 본부장, 최고의사결정자 순으로 접촉을 확대시켜나가면서 이해와 인식의 장을 넓혀나간다. 그런 다음 최고결정권자를 예방하는 자리에서 계약을 성사시킨다. 일본인이 전세계의 수출시장을 석권하고 있는 것은 일본제품의 우수성에도 원인이 있지만 일본인의 마케팅전략이 독특하기 때문이다. 일본인은 낮은 데서 시작하여 높은 데로 올라간다. 가장 낮은 데서 시작하여 상호 인식을 공유하는 인관 관계를 만들어 간다. 마지막으로 결국 최고결정권자의 결심을 끌어내는 것이다.

국제입찰에 대한 일본기업의 일하는 방식을 보면 일본정부와 일본기업은 한 몸, 한 마음이라는 생각이 들만큼 상호 협력이 빈틈없이 진행된다. 그들에게는 오로지 국익을 지켜야 한다는 마음뿐이다. 일본국내 시장에서는 피터지는 경쟁을 하는 사이라도 해외시장에서는 정부나 '케이단렌'(經團聯)에서 정해주는 순서에 따라 입찰에 참가한다.

일본정부나 일본기업은 '정심'에 의한 경쟁이 아니라 '성의'에 의한 경쟁에 익숙하다. 일본인의 행위에서 '성의'는 빼놓을 수 없는 장점이다. 하지만 '정심'을 본원으로 한 '성의'가 아니라는 점이 도저히 간과할 수 없는 단점이다.

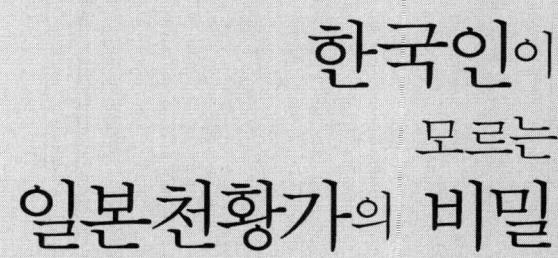
한국인이
모르는
일본천황가의 비밀

●●● 일본의 천황가에서는 1,500여 년 동안 왕실제사가 계속 이어져 오고 있다. 시조신에게 올리는 국가제사이다. 일본천황이 신에게 올리는 주문을 들어보면 우리 귀에 익숙한 단어들로 구성되어 있는 것을 발견하게 된다. 신라의 고대어가 일본왕실에 남아 있기 때문이다.

한 가지만 예를 들어 보자.

일본 왕은 다음과 같은 말로 제사를 시작한다.

"阿知女, 於介, 於, 於, 於, 於, 於, 於介…"

이것을 일본발음 그대로 표현하면 아래와 같다.

"아지매, 오게, 오, 오, 오, 오, 오, 오게…"이다.

아지매는 신라의 고대어다. 지금도 경상도 방언으로 남아 있다. 일본을 건국했다고 하는 최초의 여신을 불러올 때 일본왕이 입에 담는 주문이다. 일본의 왕실에서는 신라시대 설총이 만든 이두문자를 그대로 사용하고 있다.

일본천황이 매년 왕실에서 거행하는 제사에 순수한 신라말이 그대로 사용되어 오고 있는 사실을 대부분의 한국인은 모르고 있다. 일본국민은 이런 사실을 인지하고 있을까? 대부분의 일본인은 아마 모르고 있을 것이다. 오히려 모르는 쪽이 편할지도 모른다. 섣불리 알려고 했다가는 일본인이 가장 싫어하는 연역적 역사의식을 도입해야 한다. 고대언어에 정통한 일본의 소수 학자들은 이 사실을 알고 있을 것이다. 하지만 그들은 감히 대놓고 말할 수 없다. 모르는 척 그냥 넘어간다. 왜냐하면 그들은 일본인이고, 일본의 국가이익을 위해 필요하다면 진실에 눈을 감을 수 있는 일본인 특유의 국민성을 가지고 있기 때문이다.

일본인은 '정심' 보다 '성의'가 앞선다. 일본의 학자들도 '성의'로 일을 한다. 일본국민은 천황을 정점으로 단결하고 천황을 신처럼 모신다. 혹시라도 학자의 양심이 발동하여 한국의 고대어 운운했다가는 돌팔매를 맞기십상이다. 골수 우익세력에 의해 감쪽같이 사라질지도 모른다.

한국인과 일본인은 고대사를 통해 보면 같은 종족 출신이라 할 수 있다. 세계적 문화인류학자 재레드 다이아몬드 교수(UCLA 지리학과 교수. 『문명의 붕괴』『총, 균, 쇠』 저자)는 '일본인 지배층의 조상이 한국인이라는 것'은 의심의 여지가 없다고 주장한다. 비록 생활터전이 달라서 생활철학이 달라졌고 삶의 가치관을 달리해서 현실의 종교철학이 달라졌지만, 연역법으로 위에서 아래로 내려와 보면 맞닿아 이어지는 굵은 끈을 발견할 수 있다는 것이다.

하지만 오늘날 한국과 일본 두 나라 사이에 놓여 있는 국가적 현안을 보면, 이 두 나라는 왜 이렇게 미시적이고 근시안적 안목에 갇혀서 서로를 헐뜯고 서로를 비난하고있나 하고 탄식하게 된다. 분명한 것은 일본정치지도자들의 삐뚫어진 역사의식에 그 원인이 있다. 일본은 진실을 외면하고 있는 것이다. 일본은 분명한 20세기의 전범국가이다. 전쟁범죄를 저지른 국가를 전범국가라고 말한다.

다른 나라의 주권을 침해하는 침략전쟁과 민간인에 대한 잔혹행위를 처벌해야 한다는 의식이 태동한 것은 20세기 이후이다. 구체적으로 살펴보면 1899년 과 1907년 네덜란드 헤이그에서 열린 두 차례의 만국평화회의에서 논의가 시작됐다. 이 회의에서 '헤이그 조약'이 채택됐다. 독가스 사용금지, 포로학대 금지, 점령지 민간인 살상, 약탈, 강간금지 등의 지상전 법규를 담은 국제조약이다.

이후 두 차례의 세계대전을 거치면서 엄청난 인적 피해가 발생하자, 침략전쟁으로 인류의 비극을 초래한 개인에게도 책임을 물어야 한다는 목소리가 높아졌다. 국가행위와는 별도로 개인에게도 국제적 형사책임을 지워야 한다는 것이다. 전쟁범죄를 저지른 개인에 대한 처벌이 실제 이뤄진 건 2차 세계대전 이후다. 일본과 독일의 패전으로 전쟁이 끝나자 연합국들은 적국 지도자와 군부요인 등에 대한 처리를 논의했다. 영국의 위스턴 처칠 총리는 재판없는 즉결처형을 주장했고, 미국은 즉결처형은 법정의에 반하니까 안된 다고 맞섰다. 소련이 미국의견에 힘을 보태 결국 국제재판이라는 형식이 채택됐다. 1945년 8월 미국 영국 프랑스 소련이 '런던협정'을 체결했다. 주요 전범에 대한 기소원칙을 정한 협정이었다.

2차 세계대전이 끝나고 두 개의 전범재판이 따로 열렸다. 1945년 11월 독일의 '뉘른베르크'에서 나치전범을 처벌하기 위해 '국제군사재판'이 시작됐고, 1946년 4월 일본전범 처벌을 위해 '도쿄'에서 '극동국제군사재판'이 시작됐다. '뉘른베르크' 재판에서는 나치전범 22명을 기소했다. 이들에게는 평화에 대한 범죄(A급), 통상의 전쟁범죄(B급), 반인도범죄(C급)가 모두 적용됐다. '도쿄'재판에서는 전범 25명이 기소됐다. 이 재판에서 대부분 평화에 대한 범죄(A급)와 통상의 전쟁범죄(B급)를 적용했으며, 반인도 범죄(C급)는 대상에서 경시됐다. 반인도 범죄가 '도쿄'재판에서 다뤄지지 않은 이유는 다양하지만, 각국에서 파견된 11명의 검사단과 미국인 조셉 키넌 수석검사 등이 A급, B급 전범의 처벌만으로 충분하다며 C급 범죄는 다루지 않았기 때문이다.

'뉘른베르크' 재판의 피고인 22명 가운데 19명이 유죄선고됐다. 이 중 12명은 교수형이 선고됐다. 처결 전에 1명이 자살하고 나머지 11명은 처형됐다. 한편 '도쿄'재판의 피고인 25명은 전원이 유죄가 선고됐다. 그러나 반인도 범죄(C급)를 적용하지 않았기 때문에 그 중에서 7명만 교수형이 집행됐고, 3명이 옥사했으며, 나머지 15명은 사면됐다.

독일은 전범의 최고책임자 히틀러가 자결했기 때문에 헤르만 괴링 사령관이 책임을 졌다. 일본은 히로히토 천황 및 황족은 처음부터 제외됐고 도조 히데키 총리가 책임을 졌다. 전범의 최고책임자인 일본왕이 버젓이 생존하고 있는데도 처벌대상에서 제외된 것이다. 거기에다가 연합국사령부는 '냉전이라는 시대적 흐름을 의식한 조치'라는 이유로 나머지 피고인들을 사면시켰다. 일본에서는 사면된 A급 전범 중에서 후일 기시 노부스케 총리가 나왔고, 우익의 실세가 된 고다마 요시오 와 사사가와 료이치가 활약했다.

독일에서는 전범들에게 후속조치을 위한 특별법 제정을 통하여 전범의 유럽대륙내 공직취임금지 등 자격제한을 엄격하게 실시했다. 반면 일본은 전범출신들이 사면을 받아 공직에 복귀하여 정치에 큰 영향력을 행사했다. 전범에 대한 후속조치는 나오지도 않았다. 독일에서는 80대 90대의 고령이 된 나치 전범들이 지금도 쫓기고 있다. 나치 전범 기소를 주도한 이스라엘의 유대인 인권단체 '시몬 비젠탈 센터'는 전범 추적을 통해 마지막 한 명까지 법정에 세우겠다고 선언하고 있다. 일본에서는 전범들이 정권을 찾이하여 전쟁범죄정권을 계승하고 있는 것이 독일과 다른 점이다.

독일은 패전 후 전쟁범죄를 사죄하기 위해 동부 오데르강과 나이센강을 기준으로 하는 오데르-나이센 동쪽 지역 영토 11만㎢를 피해국 폴란드에 떼 주었다. 이 영토의 넓이는 일본의 큐슈, 시코쿠, 오키나와을 합친 것보다 2배 이상 큰 땅이다. 또 큐슈면적의 7할이 넘는 알자스로렌 지방을 프랑스 영토로 내 주었다. 독일은 2차 세계대전 후 영토의 상당부분을 상실했다. 그리고 독일은 전쟁을 일으킨 전범국가의 잘못을 백배사죄했다. 빌리 브란트 독일총리는 폴란드의 바르샤바 희생자 위령탑에 찾아가서 무릎을 꿇었다. 전쟁배상도 성의를 보였다. 그리고는 국가적 반성과 성찰을 바탕으로 독일을 부강하게 키워 유럽연합이라는 조직의 중심이 되는 길을 새롭게 찾았다. 실제 오늘날 유럽연합에서 가장 큰 영향력을 행사하는 중심국가는 독일이다. 지금 E.U.에서 독일의 영향력은 그 국토의 넓이를 훨씬 뛰어넘는 것이다.

일본은 독일과 다른 길을 걸어왔다. 전범자들이 후속정권을 찾이 하였으니 자신들이 행한 행위에 대하여 반성할 수 없었던 것이다. 그들은 끝내 진정한 전쟁사죄 없이 일본의 국가재건과 일본의 국가이익에만 집중했다. 전쟁배상도 하는둥마는둥 형식적이었다. 그러면서 A급 전범들이 수용되어 있는 야스쿠니 신사 참배도 했다. 일본의 정치가들은 오늘날에도 '위안부는 강제동원된 적이 없으며', '침략의 정의는 정해져 있지 않다'는 등 괴변을 일삼는다.

한국인은 일본정치세력의 이러한 비인도적 정체성을 인식해야 한다. 독일과 같은 전범국가이면서 독일의 정치인들과는 다른 행동을 하고 있는 일본정치인들의 수치스러운 행동에 대해 그 원인이 어디에서 기원하는지 이해할 필요가 있다.

일본정치인이 독일정치인들처럼 행동하려면 자기성찰과 자기개혁이 전재되어야 한다. 먼저 철저하게 자기부정을 해야 한다. 철저하게 자기회개를 시도해야 한다. 지구촌의 모든 인류가 평화를 지키자고 갈망했던 20세기에 들어와서까지 전쟁범죄를 저질렀다면 독일처럼 그 대가를 반드시 지불해야한다.

일본이 새롭게 태어나려면 일본의 정치지도자들은 '정심'을 찾아야 한다. 전쟁범죄국가로서 저지른 잘못을 뉘우치고, 주변의 피해국가인 한국과 중국 등 아시아 제국에 진심어린 사죄를 몇 번이고 해야 한다. '친절'로 포장된 '성의'로는 도저히 해결할 수 없는 과제다.

'정심'이 결여된 일본지도층의 행태는 국제적으로 지탄을 받아 마땅한 일이다. 더구나 남의 나라에 침략하여 전쟁을 일으킨 주체세력이 오늘날까지 일본정치의 주체세력으로 활약하고 있는 현실에서는 더욱 그렇다. 독일에서는 전범을 일으켰던 비인도적 정치세력은 발본색원하여 처벌하였고, 새로운 인도적 정치세력이 등장하여 오늘날 독일의 번영을 이끌어 왔다. 하지만 일본은 독일과는 정반대의 길을 걸어오고 있다. 자기반성, 자기성찰, 자기회개 없는 구태의 군국주의세력이 일본의 번영을 이끌어 오고 있는 것이다. 다시말해 비인도적 정치세력이 일본의 지도층으로 남아 현존하고 있기 때문에 일본정부가 피해국가들로부터 국제적 지탄을 받는 것은 어쩌면 당연한 일인 것이다.

그렇지만 일본국민 개개인을 보면 사정은 다르다.

일본의 정치지도층의 이러한 비인도적 사정과는 달리 대부분의 일본인은 현재의 한국인이 본받아야 할 좋은 생활습관을 많이 보유하고 있다.

첫째, 일본인은 세계 어느나라 보다 독서를 많이 한다. 우네스코가 인정한 사실이다.

한국의 선비정신의 후예다운 면모를 보여주는 현상이다. 한국 선비들의 독서는 생활 그 자체였다. 밥 먹듯이 책을 읽고 숨 쉬듯이 책을 읽었다. 이런 독서습관은 한국인들 보다 오히려 일본인들에게 남아있다.

둘째, 일본인은 학습하기를 좋아한다. 일본인은 자기보다 훌륭한 사람 앞에서는 무릎을 꿇고 배우기를 좋아하는 사람들이다. '에도막부'시절에 일본인은 조선선비가 일본에 도착하면 모두들 앞다투어 나와서 무릎을 꿇었다. 그들은 선비로부터 한 자 붓글씨를 받기 위해 구름처럼 모여들기도 했다. 당시 에도인구의 절반에 해당하는 10만 인구가 나와서 환영했다는 기록도 있다.

2차대전 패전후에는 미국으로부터 한 수 배워야하겠다고 전국민이 미국에 무릎을 꿇고 배우려고 애썼다. 미국에서 제일 유명한 기술자들을 일본에 초청했다. 일본에 불러와서 최단시일에 정밀기계공업의 정점에 올라설 수 있었다. 일본이 미국다음으로 제조업을 발전시켜 소재, 부품, 원자재산업의 메카가 된 것은 자기보다 앞선 사람들로부터 배워야 한다는 근성이 있었기에 가능했던 것이다.

셋째, 일본인은 한가지 일에 집중하는 장인정신이 있다. 일본인의 장인정신은 세계적이다. 그들은 남의 눈치를 보지않고 자기자신의 능력을 제고시키는 위기지학을 실천했다. 위기지학은 선비의 공부방법이다. 일본의 기술, 일본의 예술이 세계적이 될 수 있었던 것은 장인정신 덕분이라 할 수 있다. 오늘날에도 일본인은 '위인지학'을 하는 사람보다 '위기지학'을 하는 사람이 대접받는 사회체제를 유지하고 있다. 이러한 사회체제는 일본인에게 분수중심의 삶을 탄생시켰다. 일본인은 자기분수를 지키는 미덕을 키웠다.

넷째, 일본인은 근검절약을 생활미덕으로 삼고 있다. 일본인의 절약정신은 정부의 정책을 비롯하여 기업의 경영이념에 반영되어 있다. 그리고 일반시민의 삶에 유전인자처럼 농축되어 있다. 일본의 도로는 좁다. 도로건설에 과잉투자를 경계한 것이다. 도로의 폭은 좁지만 교통사고률은 아주 낮다.

교통소통은 세계의 어느 나라보다 잘되고 있다. 아무리 좁은 뒷골목이라도 자동차가 못들어가는 길이 없다. 뒷골목 길에도 불법주차, 불법정차가 없다. 교통소통이 쾌적한 이유이다. 승용차는 6할이상이 소형차다.

일본인이 거주하는 주택규모는 거의 소규모다. 멘션, 아파트, 단독주택이 모두 한국기준으로 보면 중소형이다. 소규모 주택에서 생활하는데 익숙해져 있다. 일상생활의 삶을 영위하는데 주거면적이 크면, 그만큼 가구가 많이 들어가고, 전자제품이 많이 필요하다. 일본인은 꼭 필요한 최소한의 가구와 전자제품이외에는 집안에 둘 면적이 없다. 따라서 수납공간의 설계는 세계에서 가장 뛰어나다. 일본인은 필요할 때 언제든지 절약정신을 집중적으로 발휘한다. 후쿠시마 원전폭발사고로 전기공급이 20%나 갑자기 줄어 산업용 전기가 위기에 처하자 일반 국민이 모두 전기사용절약에 동참하여 오히려 전기가 남아도는 현상을 보였다. 근검절약정신은 선비정신의 산물이다.

오늘날 일본인은 세계에서 평균수명이 긴 장수인(長壽人)으로도 평가 받고 있다. 일본기업 역시 세계에서 오래된 장수기업이 많다. 200년 이상 된 기업 수는 3,200여 개로 세계의 56.3%를 점하고 있다. 지구촌 장수기업의 절반이상이 일본이라는 한 국가에 몰려 있는 것이다. 독일 800여 개(15%), 네덜란드 200여 개(4%), 프랑스 190여 개(3.5%)에 비교해 보면 월등 많은 기업이 장수하고 있다. 100년 이상 된 기업이 5만개를 넘는다. 1,000년 이상 된 기업만도 7개가 존재한다.

일본의 최 장수기업은 세계 최 장수기업이다. 세계 최 장수기업은 1,435년의 역사를 가진 종합건축회사 '곤고구미'(金剛組)이다. 578년 오사카지역의 최대사찰인 '시텐노지'(四天王寺)를 건축하기 위해 백제에서 건너간 3명의 대

목수 중 한 명이 창업한 회사라고 창업자의 후손은 전하고 있다. 유서 깊은 장인정신과 현대의 경영기법이 만나 전통과 현대의 융합으로 유지발전하고 있는 회사이다.

1990년 3월 필자가 대표이사로 있던 동경의 현지회사에서 10여 년 간이나 근무하던 일본인 청년이 회사에 사직원을 내고 이임인사를 하러 사장실로 들어 왔었다.

"어디 더 좋은 회사에 가시는 모양이죠?" 라며 필자는 의례적으로 물었다.

그의 대답은 뜻밖이었다.

아버지가 지방도시에서 라면가게를 하고 있는데 고향에 돌아가서 가업을 잇고 싶다고 대답하는 것이 아닌가? 그 가게는 할아버지 때부터 영업을 해 왔으므로 자신이 이어 받으면 3대째의 라면가게가 된다고 하였다. 자신도 아버지와 할아버지에 버금가는 라면의 '직인'(職人)이 되고 싶다고 포부를 말하는 것이 아닌가?

그 청년은 자기의 분수를 지키며 위기지학을 실천하는 삶을 살아가려는 일본인의 전통적 모습을 필자에게 보여 주었다. 개인의 '분수중심' 사상은 일본인이 각 부문에 걸쳐 광범위한 전문가와 '직인'(職人)을 많이 배출하게 된 원동력인 것이다.

과학은 상수보다는 변수가 많다. 과학은 대의가 아니고 명분이 아니다. 과학은 현재이고 실제이며, 실익이고 실용이며, 계산이고 수학이다. 그렇기 때문에 일본인은 대의, 명분, 원칙, 상수보다는 실익, 계산, 과학, 변수에 따라 정책이 유연하고 재빠르게 이루어지는 활력을 갖고 있다.

이에 비해 한국인은 너무 과거에 집착한다. 과거사를 바로 잡기 위해 우리의 선조들은 이미 죽은 사람의 봉분을 뒤엎고 한 풀이를 한 역사도 가지고 있다. 조선은 새로운 왕이 등장할 때 마다 이미 지난 과거사를 일일이 따지는 '과거사 바로잡기' 순환이 일어났다. 이러한 '과거사 바로잡기' 맥락은 오늘날 한국의 현대정치에서도 별로 달라진 것이 없다. '과거사 바로잡기' 라는 삶의 의식, 정치의식을 나무랄 수만은 없는 것이다. 하지만 분명한 것은 이러한 과거사에 집착을 가지는 행위는 진정한 선비정신이 가지고 있는 '중용의 도'를 망각하고 있다는데 근본적 문제가 있다.

선비는 과거사에 집착하는 사람이 아니라 미래의 비전과 희망에 몸을 던지는 사람이다.

선비는 인간의 삶의 질을 높여 모두가 잘사는 이상향 꾸미기에 온 몸을 바치는 사람이다.

선비가 가졌던 '중용의 도'를 되찾아야 한다. 오늘날 우리나라 정치지도자들은 자신이 빠져있는 허울뿐인 과거사 집착의 함정에서 하루빨리 탈출해야 한다.

한국의 정치는 '맹자사상'에 공통분모를 갖고 있다. 하지만 일본의 정치는 '순자사상'에 공통분모를 두고 있다. 일본이 대의와 명분에 약하고 실리와 현실에 강한 이유다. 일본인은 '불의는 참을 수 있어도 불이익은 참지 못한다'는 말이 있다. 일본인이 '정심'이 약한 이유이기도 하다.

현재 일본은 자유민주주의 국가다. 일본인은 경제적으로도 정치적으로도 삶의 자유의지를 만끽하고 있다. 일본인의 일상생활은 자유롭다. 하지만 국가의 정치적 활동에서는 메이지유신 이래 도덕적 '조선실천성리학' 사상에서 벗어나서 오직 국가손익을 우선하여 따지는 비즈니스 정치를 하고 있다.

일본인은 자유를 구가하기를 원한다. 다만, 국익이 관계되면 일본인은 개인의 자유를 억제한다. 오늘날에도 일본언론의 '엠 바고'는 엄격하게 지켜지고 있다. 일본인은 국익을 위해서는 잘 참는다. 일본인은 전체를 위해서는 개인이 희생되더라도 그것을 잘 견뎌내는 인내성이 강한 국민이다.

20011년 3월 11일에 일어난 일본 동북지방의 대지진과 연이어 덮친 쓰나미에 의해 일본의 후쿠시마 원자력발전소가 붕괴되었다. 일본정부는 즉시 국민들에게 핵연료 봉 멜트다운(노심용해)은 없었다고 발표했다. 인류의 재앙이라 할 수 있는 방사능 오염에 대하여 일본정부와 일본언론은 철저하게 보도통제를 하였다. 일본국민은 정부의 지시 데로 잘 참았고 일본언론은 정부의 발표를 잘 따랐다. 그러나 결과는 어떠했는가? 수개월이 지난 후 밝혀진 사실은 경악을 금치 못할 만큼 심각했다. 핵연료 봉은 지진이 일어난 직후 멜트다운이 시작되었음이 분명했고 방사성 물질의 유출은 지하와 바다 쪽에 무방비 상태로 진행되었기 때문이다. 일본정부는 자국민은 물론 세계인들로부터 빈축을 사는 결과를 초래했다.

일본정부는 예나 지금이나 진실을 밝히는데 신뢰성이 결여되어 있다. 제2차 세계대전 때에 일선에서 일본군이 패하고 있는데도 국민들에게는 승전보도를 한 전력이 있다. 일본은 망하지 않는다는 믿음을 전국민에게 불어넣기 위해 온갖 수단을 동원했다. 일본정부의 이러한 진실은폐의 반복은 정부지도자의 '정심' 부재에 그 원인이 있을 것이다.

일본은 국가와 국민간에 일체감이 매우 높은 나라이다. 그러나 후쿠시마 원전사고의 대응태세에서 빚어진 일본정부와 도쿄전력의 진실은폐사실이

밝혀지자 일본국민들은 정부불신의 목소리를 내기 시작했다.[17)]

일본정부의 '정심' 부재의 태도에도 불구하고, 대부분의 일본인에게는 근면, 검소, 절제, 자기책임의 선비정신(고급 사무라이정신)이 면면이 흘러내리고 있음을 발견한다. 지진피해자들이 모여 있는 이재민 대피소에는 질서정연하게 배식을 기다리고 음료수가 모자라면 서로 양보하는 모습을 보여주었다. 대피소의 사람들은 남녀노소를 막론하고 일본정부를 원망하지 않았으며 도움의 손길이 늦는다고 소리치는 사람도 없었다. 일본인은 철저하게 자기책임 정신을 발휘하고 있었던 것이다.

일본인의 자기책임 정신은 그 원류가 '선비정신'이다. 고급 사무라이의 '자기책임 의식' '근면 검소 절제 정신'은 선비의 '중용사상'으로부터 기인한 것이다. 선비는 인간의 삶에서 '중용'을 강조한다. '중용'은 균형이다. 균형은 '절제'이다. 모든 사물과 생물에서 가장 중요한 것은 균형이다. 균형(절제)은 바로 생명에너지이기 때문이다. 균형을 잃으면 모든 생물은 생명을 잃어버린다.

선비는 신뢰와 신용을 생명처럼 여긴다. 선비의 신뢰는 자신의 신념에 대한 신뢰, 자신의 타인에 대한 신뢰, 타인의 자신에 대한 신뢰로 구축된다.

리더십이란 다른 말로 '신뢰성의 구축'이라 할 수 있다. 신뢰와 신용이 전제되면 리더의 조건이 갖추어진다. 많은 사람의 신뢰, 많은 사람의 신용을 한 몸에 받고 있으면 그 사람은 이미 리더의 반열에 올라 있는 사람이다.

---

17) 2011년 7월 27일 일본 참의원 참고인 증언에서 고다마 타츠히코 도쿄대 교수(방사성동위원소 센터 소장)는 후쿠시마 원전에서 100km 지역에서 시간당 5 마이크로 시버트, 반경 200km 지역에서 0.5 마이크로 시버트의 방사능이 검출되었고, 원전에서 300km 이상 떨어진 시즈오카의 찻잎에서도 방사능이 검출되었다고 진술하면서, 에다노(관방장관)의 "일본국민들에게 즉각적인 건강의 위험은 없을 것"이라고 언론에 브리핑한 것은 잘못이라고 비판했다. 또 유출된 방사능 물질의 총량도 열의 양을 토대로 유추했을 때 히로시마 원폭의 29.6개가 터진 정도가 노출되었다고 설명했다. 그는 이 보다 더 두려운 것은 이제까지의 사례로 보면 원자폭탄의 경우 1년 후 남아 있는 방사능의 양은 1,000분의 1로 감소했지만, 원전사고의 경우는 1년 후 겨우 10만분의 1로 감소했다고 덧붙였다.

선비는 조직과 사회를 성공시키는 조직인격과 사회인격 완성의 필수요소로 '효충경신'의 실천을 강조한다. 그 중에서도 신(信)에 가장 무게를 둔다. 따라서 '믿을 수 있는 사람이 되라' '믿음을 주는 사람이 되라'는 교훈은 선비 부모들이 자식들에게 바라는 일차적 염원이었던 것이다.

일본인은 '선비정신'을 수입하여 그것을 일본적 '자기분수'에 농축시켰다. 일본인은 정치적 자유도 누리고 경제적 자유도 누리고 있으면서 일본정부가 원할 때는 국민 전체가 정부방침을 따른다. 이것은 일본식 모델이 됐다. 오늘날 한국인이 일본정부를 신뢰할 수 없는 것은 일본정부가 '정심'이 결여된 '성의'를 일본국민들에게 요구하고 있기 때문이다.

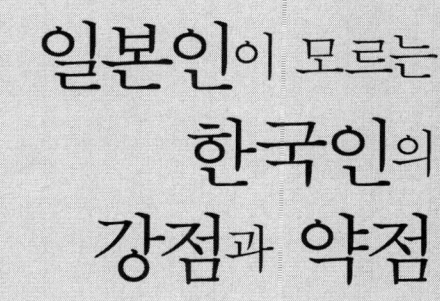

일본인이 모르는
한국인의
강점과 약점

●●● 오늘날 한국은 경제규모로 세계12위의 경제대국이다.

지구촌에서 유일한 분단국가이며 완전히 상반된 이념으로 대치하고 있는 휴전국가이기도 하다. 2차 세계대전의 종전 후 새로 탄생한 신생국가는 146개 국이다. 그 중에서 일인당 국민소득 2만 불을 달성한 국가는 한국뿐이다. 나머지 145개 국가는 모두 일인당국민소득 3천불 미만에 머물러 있다.

한국은 산업화에 성공하고, 민주화에도 성공하였다. 한국의 지상목표는 선진화다. 정치의 선진화, 경제의 선진화, 사회의 선진화, 문화의 선진화다.

선진화의 잣대는 무얼까?

그것은 바로 도덕과 미덕이다. 정치와 경제는 도덕중심으로 성과를 이루어야 하고, 사회와 문화는 미덕중심으로 효과를 이루어야 한다.

한국의 역사를 보면 도덕과 미덕의 역사라는 것을 알 수 있다. 도덕과 미덕은 한국식 모델의 근간이다. 우리나라는 고대사 중세사 근세사를 통하여 모두 장수국가를 가지고 있다.

세계사 왕조 연대기를 보면 5백 년 이상 계속된 왕조는 모두 우리나라에 있다. 서양에도 없고 동양에도 없다. 고구려가 7백 년, 백제가 7백 년, 신라가 1천 년, 고려가 5백 년, 조선이 5백 년을 넘긴 왕조다. 서양의 로마가 1천 년을 넘겼지만 로마는 제국이었고 세습왕조가 아니다. 힘이 가장 강한 자가 언제나 왕이 되었다. 한국에서는 나라가 건국되었다 하면 5백 년을 넘겼다. 중국왕조의 평균수명은 130여 년에 불과하다. 최초로 중국을 통일한 진나라는 15년을 넘기지 못했다. 한국은 지배자의 권위가 그만큼 확고했기 때문에 장수국가가 가능했다.

오소리티(Authority)는 고대사회에서나 문명사회에서나 국가를 유지하기 위하여 반드시 있어야 하는 요소다. 궁극적으로 오소리티는 백성으로부터 나온다. 그리고 백성은 도덕적 권위와 미덕적 권위만을 인정한다. 이것은 기업에서도 마찬가지다. 기업의 오소리티는 종업원과 고객으로부터 나온다. 기업의 최고경영층이 도덕과 미덕을 옹호할 때 종업원과 고객은 오소리티를 인정한다.

국가의 지배자가 도덕적 권위와 사회적 미덕을 옹호할 때만 백성은 권위를 따른다. 권위자체는 순수한 것이고 존중 받아야 할 개념이다. 결코 나쁜 게 아니다. 왜냐하면 권위는 마땅한 본분과 자격의 상징이기 때문이다. 권위가 도덕과 미덕을 벗어날 때 권위는 순수성을 잃어버린다. 권위가 순수성을 잃어버리면 단순한 권력으로 추락한다. 그런 권력은 추악하고 악랄해 진다. 그런 권력은 자신을 뺀 모든 사람의 삶 위에 군림하고 우쭐하려는 권력으로 타락한다. 우리나라역사에 장수국가가 많은 것은 우연이 아니다. 도덕과 미덕에 바탕을 둔 정부를 많이 가졌다는 증거다. 도덕과 미덕은 우리민족의 전가보도(傳家寶刀)다. 도덕과 미덕은 한국식 모델의 근간이다.


오늘날 세계 제일의 선진국은 미국이다. 자타가 모두 인정하고 있다. 미국 혁명사를 보면, 미국이 영국에서 벗어나 독립할 수 있었던 것은 혁명지도자들의 확고한 도덕 강조와 미덕 옹호였다. 조지 워싱턴, 토머스 제퍼슨, 알렉산더 해밀턴 등 미국 건국의 아버지들은 영국이 "썩고 부패했다"고 판단했다. 도덕에 앞서가고 있는 미국이 더 이상 영국 밑에 있어선 안 되겠다고 다짐했다.

정규군이 없었고 무기도 없었던 미국이 당시 세계최고의 강대국 대영제국을 어떻게 이겼을까? 가장 결정적이었던 것은 혁명지도자들의 영도력 즉 도덕적 리더십이었다. 조지 워싱턴은 부하들을 얼싸안고 온갖 고통과 비판을 견뎌내며 힘든 싸움을 끈질기게 계속했다. 그가 강조한 것은 "영국은 도덕과 미덕을 잃어버린 부패한 국가"라는 것이었다. 미국은 8년간의 전쟁 끝에 결국 요크타운에서 영국군의 항복을 받아냈다. 이후 도덕과 미덕을 국가의 근본으로 삼은 미국은 세계 최강국가로 성장할 수 있었다.

미국의 건국 지도자들은 "좋은 정부는 국민의 도덕과 미덕에 바탕을 둬야 하고, 정부는 사회의 도덕과 미덕을 북돋우는 역할을 해야 한다"고 강조했다. 도덕중심의 사고는 정부의 권위를 높이는 작용을 했고, 혼란 없이 민주주의를 발전시키고 나라를 성장시키는 원동력이 된 것이다. 하지만 2008년에 시작된 미국 금융시장 붕괴와 그에 따른 경기침체 및 경제위기를 보면, 오늘날 미국은 도덕과 미덕의 상실이 가져오는 탐욕과 부패의 늪에 빠져 있는 것처럼 보인다. 미국은 영국으로부터 독립할 때의 확고한 도덕성 바탕과 사회의 미덕성 회복에 미국정부의 정책기조를 두지 않으면 미국인의 불만을 해소시키지 못할 것이다.

우리나라 정치사의 권위는 〈대한제국〉의 고종황제 때 이미 붕괴되었다고 볼수 있다. 일제 36년 간 우리 민족은 자기비하를 일삼는 소위 '엽전' 신세로 변했었다. 광복은 우리민족에게 새로운 가치와 권위를 세울 절호의 기회였지만, 좌우대립 속에서 새로운 가치와 권위를 세우지 못하고 우왕좌왕 헤매었다. 민족상잔의 6.25전쟁으로 국토는 초토화되었고, 그나마 전통사회의 정신적 기반이었던 유학사상 마저 폐기처분 됐다. 유학사상의 근본인 도덕과 미덕은 실종되었다. 사회의 구심력이었던 도덕과 미덕의 실종은 회복되지 못한채 오늘날에도 계속되고 있는 것이 안타까운 현실이다.

20세기 중엽 강대국들의 이권추구의 틈바구니 속에서 한탄도의 절반이라도 공산세력으로부터 지켜낸 이승만 초대 대통령, 쿠데타를 일으켰으나 '거의소청'의 선비정신으로 국가의 근대화와 산업화를 성공시킨 박정희 대통령은 오늘의 한국을 존재하게 한 건국의 아버지, 산업화의 아버지들이다.

박정희 대통령은 물질적 업적과 동시에 정신적 이념을 한국인에게 남긴 지도자다. 그의 민족중흥 사상, 재건국민운동, 조국근대화운동, 수출입국운동, 새마을 운동, 산림녹화운동, 문화재정비보호운동 등은 선비정신의 마지막 산물이라고 할 수 있을 것이다. 박정희 대통령은 정부와 국민에게 도덕과 미덕을 부활 시킨 확고한 신념의 지도자라고 평가할 수 있다.

정부와 사회조직에 순수한 권위가 없으면 도덕이 붕괴되고 법치주의가 무너진다. 박정희 대통령은 국민들에게 "이 길로 가면 된다." "우리도 잘 살 수 있다." "우리도 하면 된다."는 신념을 심어주었다. 이런 영도력은 높이 평가되어야 할 부분이다. 무엇보다 도덕적 권위를 세우고 사회적 미덕을 다시 찾으려 노력한 점은 우리나라 정치사에 획을 긋게 하는 긍정적 치적이라 할 수 있다.


비자금을 숨겨둔 전두환 대통령, 노태우 대통령은 도덕적 권위를 세우려야 세울 수 없었다. 권위가 타락하고 추악한 권력으로 변질된 시기였다. 이 두사람은 퇴임 후 모두 구속수감되는 비운을 맞이했다. 김영삼 대통령은 민주적 지도력을 발휘해 도덕적 권위를 부활시킬 수 있는 절호의 기회를 놓쳤다. 민주화란 이름으로 행하여진 정치적 조치는 시민의 책임의식이 결여되었고 자유방만으로 흘러가 오히려 품위와 권위를 무너뜨리는 결과를 가져왔다. 민주주의는 도덕적 권위와 사회적 미덕을 바탕으로 해야 강해진다는 본질을 깨닫지 못했던 것이다. 김대중 대통령, 노무현 대통령은 그나마 남아 있던 도덕적 권위를 모두 없애버리는 불행한 결과를 초래했다. 두 사람 모두 직계가족이 비리에 연루 되어 구속되었고, 퇴임 후 거처할 사저를 어마어마하게 신축하여 스스로 도덕적 권위를 실추시켰다.

한국은 오늘날 권위가 있어야 할 자리에 불법시위가 대체하고 있다. 실정법을 지켜야 할 정치적 지도자인 국회의원들 까지도 국회에서 토론하는 것보다 길거리에서 불법데모하는 게 더 능한 나라가 되었다. 국회 안에서도 국회법을 무시하고 폭력을 행사하는 국회의원이 나타나고 있을 정도다. 국민의 대변인이 국회의원이다. 국회의원은 법률을 제정하고 법률을 고치는 본연의 업무에 충실해야 한다. 국회의원이 가지고 있는 권위와 권력은 국민을 위해 봉사하라고 국민이 준 권위이고, 주권을 가진 국민을 섬기라고 국민이 준 권력이다. 국회의원이 국민에게 봉사하고 국민을 섬기는 의무를 잃어버릴 때 국회의 권위는 상실되고 국회의원의 권력은 타락한다.

한국식 모델은 한국의 역사가 잘 가르쳐주고 있다. 선비의 전통 도덕과 미덕을 부활시키면 그것이 바로 한국식 모델이 될 수 있다. '조선실천성리학'의 핵심가치인 '선비정신'을 부활시켜야 한다. 우리민족이 장수국가를 유지할 수 있었던 원동력의 '핵심가치'는 바로 '선비정신'이기 때문이다.

한국은 1997년 말 아시아에서 불어온 '외환위기'를 맞이했고, 2008년 말 미국에서 불어온 '금융위기'를 맞이 했으며, 2011년 후반에는 유럽에서 불어온 '재정위기'를 맞이했다. 한국은 세 번의 위기를 잘 극복해내는 저력을 발휘할 수 있었다. 이는 우리나라의 미래 가능성을 증거하는 결과라고 할 수 있을 것이다. 외세에 의해 많이 파괴 당했으면서도 그나마 우리 국민에

게 도덕과 미덕을 바탕으로 하는 '선비정신'이 한국인의 국민정신으로 남아
있었기 때문에 한국의 가능성을 담보할 수 있는 저력을 발휘할 수 있었다
고 생각한다.


　20세기 초 〈대한제국〉이 13년 만에 망한 것은 우리사회의 도덕과 미덕이
이미 붕괴했기 때문이었다. 당시 지구촌에서는 서구의 강대국은 물론이고 아
시아의 일본마저 '전제군주국가'체제를 버리고 민권을 헌법에 보장하는 '입헌
군주국가' 체제로 국가체제를 일신하여 부국강병정책을 추진하고 있었다.

　하지만 같은 시기에 〈대한제국〉의 고종황제는 '입헌군주국가'를 세우고자
했던 개혁파들을 일망타진 해버리고, 기득권 층인 노론집권세력과 손을
잡고 '전재군주국가'를 고집하여 백성들의 변화의지를 꺾어버렸다. 이러한
시대착오적 판단과 폐쇄적 현실 안주형의 정치가 계속 이어지고 있었던 원
인은 〈대한제국〉의 최고지도자들이 스스로 도덕성이 결여되었고, 이웃나
라 주변국의 정세와 크게 요동치고 있는 지구촌의 국제정보에 너무 어두웠
기 때문이었다.

　변화와 개혁을 요구하는 백성들을 끝내 외면해버린 〈대한제국〉의 소통
부재 정책은 최고지도자들이 반드시 가져야 하는 '선비정신'의 결여가 근본
원인이었다. '법고창신(法古創新)'의 '선비정신'이 유지되었더라면 우리도 글
로벌 변화에 맞설 수 있는 내적 변화를 먼저 이루어내고, 일본보다 앞서서
근대산업사회를 건설할 수 있었을 것이다. 그러나 고종황제와 집권세력은
이미 '선비정신'을 잃어버린 속유세력에 불과했다. 속유(俗儒)세력은 진유(眞
儒)세력의 변화의지를 짓밟아 버렸던 것이다.

　이러한 과오를 다시 재현하지 않으려면 한반도 최초의 근대정부를 세운

대한민국은 앞으로 오백 년을 넘기고 천년 을 넘길 수 있는 국가기반을 만들어야 한다. 도덕과 미덕을 바탕으로 하는 한국형 '선비정신' 문화를 다시 확립해야 한다. 대한민국의 문화융성은 '선비정신'이 바탕이 돼야 할 것이다.

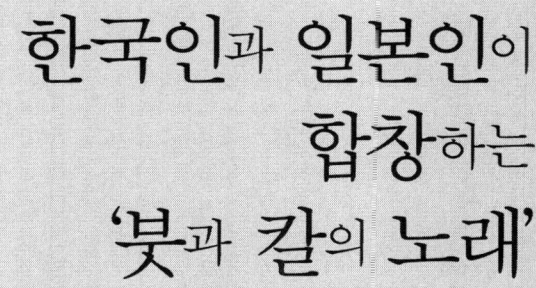

한국인과 일본인이
합창하는
'붓과 칼의 노래'

●●● 오늘날 지구촌 모든 나라에서 국민간의 모든 갈등은 법의 심판에서 결론이 나온다.

따라서 법의 심판은 최후의 보루다. 흔히 법정에서 '법관은 판결문으로 말한다' 라고 얘기한다. 문제는 그 판결문이 '법률'과 '양심'에 따라 최선을 다해졌을 때 그런 말을 할 수 있다. '법률'과 '양심'에 따라 최선을 다 했을 때만 판결로서 말 할 자격이 있는 것이다. 여기에서 법관의 판결을 좌우할 수 있는 근본적 바탕은 '양심'이다.

'양심'은 '정심'이다. '정심'은 편견이 없고 고정관념이 없는 상태의 잣대를 말한다. 따라서 '정심'이 없는 심판은 심판이 아닌 것이다. 법률은 '정심' 위에서만 권위를 인정 받는다. 법률은 바꿀 수 있어도 '정심'은 바꿀 수 없기 때문이다.

선비들이 최고의 덕목으로 숭상한 하늘이 내린 '양심의 잣대'가 형이하학적으로 실행되는 것이 덕도(德道)정치이고 덕치(德治)주의이다. 맹자는 이를 왕도(王道)정치라고 했다. 길 중에서 가장 원리에 충실하고 가장 옳은 길이며 가장 빠른 길이기에 왕도라고 호칭한 것이다.

이것은 패도(覇道)정치와 법치(法治)주의를 훨씬 초월하는 이상주의적 덕목이다. 이러한 이상주의적 덕목은, 단순히 과거의 것으로 치부해버리고 말거나, 오늘날에는 어울리지 않는 지난날의 유물에 불과하다며 단견적으로 쉽게 버려야 할 대상이 아니다. 이러한 덕목은 현재에도 여전히 유효하고 유익하다. 뿐만 아니라 인류사회의 미래에는 더욱 더 그 가치를 높여야 할 덕목 중의 근본 덕목이다.

'정심'이 없는 법률은 흉악한 칼날이 될 수 있다.

'정심'을 확고한 바탕으로 했을 때에만 법률은 인간의 삶을 온전히 지배

할 수 있는 것이다.

특히 오늘날의 사회는 디지털 사회로 우리 생활의 모든 면이 투명해지고 있다. 정보의 공유, 지식의 공유, 기술의 공유, 지혜의 공유 등으로 인간의 생활은 어느 특수층이 독점할 수 없는 투명한 세계에 놓여져 있다. 인간의 세계는 더욱 더 투명조직, 투명시장, 투명사회로 가지 않을 수 없다.

투명한 사회가 바로 공동선을 최고의 덕목으로 하는 인류의 이상향인 '대동사회'(大同社會)인 것이다. 대동사회를 만드는 핵심엔진은 '정심'이다. '정심'이 이뤄내는 사회는 폭력이 없는 문화융성을 갈구하는 '붓의 사회'이다.

한국은 붓의 사회, 문화의 사회, 예술의 사회, 예의의 사회, 신뢰의 사회로 점철된 '문화대국'이 되어야만 글로벌 경쟁에서 선도적 지위를 확보할 수 있다.

문화대국의 주춧돌이 바로 '선비리더십의 확립'과 '선비가치의 세계화'다.

한국이 '선비정신'을 새롭게 함양한다는 것은 '정심'을 가진 '붓'의 힘을 강화하는 일이다.

'붓'의 힘으로 '칼'을 가진 사무라이 '무사도'를 포용하고 다시 악수할 수 있도록 해야 한다.

'조선실천성리학'이 확립되었던 조선후기사회와 '조선실천성리학'을 국학으로 수용했던 일본의 '에도막부'가 260년 동안 선린우호의 평화관계를 유지했다. 이 기간동안 한국과 일본은 역사상 가장 평화로운 세상을 펼칠 수 있었다. 상극이던 '붓'과 '칼'이 악수 하여 상생하였던 것이다.

오늘날 유가사상의 '선비자본주의' 이론과 '동아시아적 가치'는 새로운 평가를 받고 있다. 특히 시장주의, 신 자유시장주의 이론 등으로 무장했던 지구촌 선진국가들이 지금까지 경험하지 못했던 탐욕의 부작용들을 감당할 수 없어 빈부격차심화 등으로 나타나자 신자유주의 자본주의에 대한 의구심을 표출하기 시작했다. 자본주의는 정치, 경제에서 도덕이 확립되고 사회, 문화에서 미덕이 전재되지 않으면 심한 부작용의 폐해가 발생하는 이기적 구조를 내재하고 있기 때문이다.

여기에 '선비자본주의'라는 대안이 서구자본주의의 병폐를 줄일 수 있는 유력한 방안으로 제시되고 있는 것이다. '선비자본주의'는 선비사상이 가지고 있는 핵심가치를 인간생활의 중심개념으로 삼아 '도덕'과 '미덕'이 삶의 현장에 넘칠 수 있도록 인간혁신 교육을 실시하는 것이 중요하다. 지구촌에서 한국은 인간개혁 교육의 메카 역할을 할 수 있는 유일한 국가라 할 수 있다. '선비정신'의 원산지이기 때문이다.

한국은 동양철학의 원류인 홍익정신의 발원지이다. 반만년이 넘는 상생의 역사를 간직하고 있다. 지구촌 인류를 위한 〈평천하〉 의식을 삶의 목적으로 하는 선비사상을 국민정신으로 체득하고 있다. 선비사상은 지구촌의 보편적 가치관으로 승화될 수 있는 다차원적이고 융합적 사상의 용광로가 될 내용을 담고 있다.

몸과 마음, 물질과 정신, 세속과 거룩, 피조자와 창조자를 분리하는 서구 이분법적 사고는 이미 한계에 이르렀다. 오늘날 지구촌 인류는 종교, 사상, 과학을 모두 감싸는 '융합적 인간주의'로 서구의 '분리적 인간주의'를 대체해야 하는 시기를 맞이 하고 있는 것이다.

한국인은 남달리 자연 속에서, 자연을 이해하며, 자연과 같이 살고자 했다. 한국의 전통건축을 보면 모두 자연을 이용하고 자연을 활용한 것임을 알 수 있다. 한국의 전통건축은 자연을 파괴하지 않는다. 중국처럼 자연에 없는 운하를 일부러 파고, 산을 일부러 만들지 않고, 일본처럼 자연을 옮기고 허물어서 인공미뿐인 아기자기한 인조정원을 만들지 않는다.

한국의 정원은 자연미의 아름다움을 그대로 살려낸 것이 특징이다. 낮은 곳은 낮은 곳으로 살리고, 높은 곳은 높은 곳으로 살리며, 고인 물은 고인 물 데로, 흐르는 물은 흐르는 물 데로 살리면서, 정자를 짓고 정원을 만드는 자연미의 정원은 동양 3국에서도 한국에서만 볼 수 있다. 한국의 3대 정원으로 알려진 담양의 〈소쇄원〉, 남원의 〈광한루〉, 창덕궁의 〈비원〉을 보면 자연미를 그대로 살린 건축미가 찬란히 빛나고 있다.

한국에서 가장 아름다운 서원은 안동의 〈병산서원〉이다. 〈병산서원〉을 보고 유홍준 명지대 교수는 '한국건축사의 백미'라는 말로 표현하고, 건축학자 김봉렬 서울대 교수는 '건축가들의 영원한 텍스트'라고 표현한다.

일본의 대표적 건축가 구로가와 마사유키 교수는 〈병산서원〉을 보고 이렇게 말했다.

"건축물 자체가 하나의 가르침이다. 자연과 사람, 사람과 사람의 공존을 강조한 동아시아 문화의 가치가 응축된 곳이다. 건물 자체의 아름다움도 놀랍지만, 나무를 쓴 방식도 기둥부터 들보까지 모든 목재들은 자연 그대로의 모습이다. 굽고 휘어진 것 등을 잘라내지 않고 하나하나의 개성을 존중해 배치했다. 각 나무의 개성을 살렸는데도 균형이 살아 있고, 완벽한 조화를 이룬다. 획일성은 우주의 섭리를 거스르는 것이다. 그 답을 보는 것 같다. 각기 다른 개성이 사회에 어떤 가치를 부여하는지를 말없이 가르쳐주고 있다…"

선비사상은 자연과 합일하는 사상이고, 자연을 활용하는 사상이며, 옛 것을 바탕으로 새 것을 창조하는 혁신사상이다.

선비사상은 도덕을 전제하는 정치와 경제, 미덕을 전제하는 사회와 문화를 지속시켜 나갈 수 있는 시스템사상이다.

선비사상은 온고지신 하고 법고창신 하여 인류의 평안, 평등, 평화를 도모하는 인류애사상이다.

선비사상의 재정립은 인간사회를 바로잡는 필요불가결의 과제이며, 지구촌 자연을 훼손시키고 오대양육대주를 피폐화 시키는 전세계 국가들의 끝없는 탐욕을 제어시키기 위해서도 반드시 필요한 글로벌 과제이다.


오늘날 한식(韓食)은 지구촌 '웰빙푸드'로 인식이 확산되고 있다. '김치'는 지구촌 피클 시장을 파고 들었고, '비빔밥'은 지구촌 볶음밥 시장을 대체하고 있으며, '막걸리'는 지구촌 와인 시장을 잠식하기 시작했다. 한식에는 약식동원(藥食同源)사상이 내포되어 있다. 먹으면 곧 약이 되는 음식이 대부분이다. 한식밥상은 탄수화물, 단백질, 무기질, 비타민, 지방 등 5군 영양식품을 골고루 먹을 수 있는 장점이 있다. 오미의 신맛, 쓴맛, 단맛, 매운맛, 짠맛과 오방색의 청, 홍, 황, 백, 흑 색 음식이 골고루 있어 오장육부를 건강하게 해 준다.

한식은 김치, 된장, 간장, 젓갈, 고추장, 장아찌 등 숙성기간이 필요한 발효식품이 기본이다. 제철음식의 신선한 채소류와 싱싱한 해산물을 주로 사용하는 저지방식·저칼로리식이다. 숙성기간을 충분히 거친 발효음식은 사람 몸의 면역력과 치유력을 강화시켜준다. 음식은 기본적으로 약도 되고 독도 된다. 음식이 소화되고 난 뒤에는 장에 찌꺼기가 남는다. 찌꺼기는 독소를 내뿜는다. 변과 가스의 배설은 그래서 중요하다. 발효음식은 몸 안의 독소를 제거해 주는 역할을 해 준다. 제철음식은 예방약이자 치료약이다.

사람의 병은 계절에 따라 오기 때문에 계절에 따라 예방과 치료를 해야 한다. 제철음식을 먹으면 저절로 병이 예방되고 치료되는 까닭이다. 예를 들면 오이는 차가운 기운이 있다. 소금에 절인 오이를 여름에 먹으면 약이 된다. 그러나 겨울에는 오히려 독이 될 수 있다. 한국인은 그걸 중화시키기 위해 오이를 매운 고추장에 찍어 먹거나 고춧가루에 묻혀 먹는다. 고추에 열이 있기 때문이다. 이런 배려가 사람 몸의 면역력을 길러주는 것이다.

한국에는 산이 많다. 국토의 7할이 산이다. 산나물, 들나물이 많이 나는 이유이다. 산나물, 들나물은 모두 제철 음식재료다. 들에 사는 뱀은 피부에 상처가 나면 '소리쟁이'라는 들풀에 자기 몸을 비빈다. 그러면 피부가 낫는다. 산에 사는 토끼는 덫에 걸려 다쳤을 때 '톱풀'을 씹어서 자기 몸에 바른다. 그러면 낫는다. '소리쟁이'나 '톱풀'을 사람이 먹으면 실제로 장 운동이 촉진되고 몸 안의 독소를 품어내어 배설하는 역할을 도와 준다.

사람 몸을 치료하는데 사용하는 약은 실은 독이다. 독이 없는 약은 구할 수 없는 것이 인간의 한계이다. 약초는 독이 강하기 때문에 약초다. 그래서 데치거나 삶아서 독소를 중화시켜 먹는다. 우리가 음식을 덕을 때 먹는 김치, 간장, 된장, 고추장, 장아찌가 그런 역할을 해 준다. 한국인은 밥을 먹을 때 꼭 발효음식을 함께 먹는다. 음식의 소화와 배설을 도와주는 역할을 기대하기 때문이다. 한국은 3면이 바다로 둘러싸여 있다. 바다근처에 사는 사람뿐만 아니라 한국인의 대부분은 김, 미역, 다시마 등 해조류를 자주 먹는다. 청정해역에서 나오는 김, 미역, 다시마 등 해조류는 오늘날 '웰빙푸드'의 대명사로 밝혀져 있다. 서구사회에서는 채식과 육식비율이 2대8 이다. 이에

비하여 한식은 채식과 육식비율이 8대2로써 현대인의 건강식이다. 일본인의 전통음식도 한국인과 비슷하다. 일본인은 장국인 미소시루를 비롯하여 김치와 비슷한 쓰케모노를 식단에서 빼놓지 않는 것도 한국과 비슷하다. 하지만 일본인은 어류를 많이 섭취한다. 사면이 바다인 섬나라이기에 어류를 많이 포획하기 때문이다.

동양인이 서구라고 지칭하고 있는 유럽에는 '아브라함 신앙'(유대교, 기독교, 이슬람교)이라는 공통의 가치가 있다. 이는 유럽경제 공동체를 형성하는데 정신적, 물질적 기반을 제공해 주는 실질적이고 현실적인 힘이 되었다.

유럽은 오늘날 EU라는 이름의 실물 경제력으로 세계시장에 강력한 영향력을 행사하고 있다. 현실적으로는 '유로'라는 단일통화의 힘이다. 단일통화는 경제력을 통합하는 결정적 수단이다. 2009년 11월 유럽은 정치적 통합을 위한 첫 'EU대통령'을 선출하였다. 서유럽의 5개국이 모여 단일통화 논의를 시작한지 60여 년만의 결실이다. 회원국 27개국이 힘을 모아 '유럽합중국'을 향한 첫걸음을 시작했다.

한국과 일본이 주축이 되어 있는 동아시아 사회에서도 유럽수준의 경제통합이 이루질 수 있을 것인가? 이런 물음에는 현실적 부정론이 나올 수 있는 반면, 미래지향적 긍정론이 대두될 수도 있다.

유럽에는 '아브라함 신앙'이라는 공통분모가 있다. 한국과 일본에는 '유가사상'과 '조선실천성리학'이라는 공통의 윤리적 기반과 도덕적 원칙을 공유하고 있다.

중국에서 태어난 유가사상은 '원시유학'과 '신유학'의 시대를 거치면서 한반도에 들어온 뒤 조선선비들에 의해 깊이 연구되어 '조선실천성리학'이라는 이름으로 그 꽃을 활짝 피웠다.

'조선실천성리학'이 탄생시킨 것은 선비사상이다. 선비사상이 가지고 있는 '도덕원칙'들은 비슷한 서양의 '윤리원칙'들이 유럽에서 자리 잡기 훨씬 이전에 중국과 일본 등 동아시아로 퍼져나갔다.

동아시아 사회를 오랫동안 지배해온 공통의 도덕적 기반인 선비사상은 전 세계 공통의 도덕 원칙으로도 활용될 수 있는 보편적 가치라는 강점이 있다. 뿐만 아니라 동아시아는 시대적 대세인 다문화전통이 유럽보다 역사적으로 훨씬 강하다는 특색을 가지고 있다.

동아시아 문명에는 또 하나의 바탕이 된 '불가사상'을 빼 놓을 수 없다. 불교는 기원전 3세기에 북부인도에서 출발해 스리랑카를 비롯한 동남아시아로 평화롭게 퍼져나갔다. 1세기에 와서 불교는 동아시아로 전진을 계속했다. 비단길을 따라 중앙아시아와 중국으로 전파 되었고, 수세기 후에는 한국을 거쳐 일본에도 보급되었다. 중국에 들어온 불교는 중국의 토속 종교인 도교의 영향을 받아 선불교(禪宗)로 자리 잡았고 한국과 일본에도 선종이 퍼져나갔다.

한국과 일본은 유가사상의 동질성뿐만 아니라 불가사상의 동질성도 같이 공유하고 있는 몇 안되는 국가이다. 거기에 전통적 문화적 정신적 지주역할을 해온 선비정신이 공통분모로 남아 있다.

만약 한국과 일본이 두 국가사회에 이미 내재되어 있는 공통의 도덕윤리법칙에 눈을 돌린다면 새로운 문화적 단결의 정신을 창조해 낼 수 있지않을까?

한국과 일본에서 단결될 수 있는 이러한 전통적, 문화적, 정신적 바탕의 정치권력은 반대자 없는 상태에서, 새로운 세상을 열어갈 수 있을 것이다.

한국과 일본이 전통적, 문화적, 정신적 유대성을 살려서 새로운 단결을 시도할 수 있다면, 두 나라는 동아시아의 광범위한 지역을 카버하고 있는 중국을 동참시킬수도 있을 것이다. 그리고 만약에 한국, 일본, 중국이 단일화폐를 사용할 수만 있다면, 세계 최대의 인구가 경제적, 문화적으로 불편 없이 소통할 수 있는 신세계를 열어 갈수 있을 것이다.

더 나아가서 만약에 동아시아의 선비사상 공통분모가 단결하는 형태를 현실적으로 보여줄 수 있다면, 그것은 인류공통의 가치체계를 수립하여 비종교인들뿐만 아니라 종교인들 까지도 지지할 수 있는, 새로운 형태의 발전되고 확대된 세계적 가치로 발전시킬 창조적 출발점이 될 수 있을 것이다.

### 동아시아는 실질적으로 한국, 일본, 중국을 지칭한다.

한국의 붓(선비사상)과 일본의 칼(사무라이 사상)이 다시 악수할 수 있는 자리라면, 이 악수의 마당에 중국(중화사상)을 빼놓을 수 없다. 사실 동아시아 3국은 오래 전부터 도교, 유교, 불교의 전통을 이어받아 종교적으로 정신적 유대감을 유지시켜왔다. 특히 한국과 일본은 동아시아적 공통분모를 가장 많이 공유하고 있는 나라다.

일본은 1868년 메이지유신으로 근대국가를 시작하였고, 한국은 2차 대전 이후 1948년 대한민국정부를 수립하여 뒤늦게 근대국가를 세웠다. 일본보다 80여 년 늦게 근대정부를 수립한 것이다.

두 나라는 자유민주주의와 시장경제를 주축으로 하는 민주진영의 국가로서 지구촌이 공산주의 국가군과 민주주의 국가군의 두 쪽으로 갈라져 냉전을 지속했을 때 민주주의 국가군에 편입되어 있었다. 이른바 정치이념의 동반자다.

중국은 구소련과 함께 그 반대편에 서 있었다. 그러나 구소련이 1989년에 선택한 개방, 개혁정책은 구소련연방을 붕괴 시켜 신생 러시아로 다시 태어나게 했으며, 중국(중공)이 1991년에 취한 개방, 개혁정책은 공산당 일당독재를 유지하면서 중국식 자본주의(사회주의 시장경제)를 채택하게 하여 경제적 성장에 크게 성공을 거두는 계기가 되었다.

그러나 중국은 정신사적 측면에서는 매우 취약하다. 오늘날 중국은 도덕관념이 파괴된 국가로 전락했다. 세계에서 가짜인 '짝퉁' 상품과 유해음료, 유해주류, 유해가공식품이 가장 많이 생산되고 있는 나라가 중국이다. 공산품의 가짜는 물론이고 심지어 농산품의 가짜까지 진짜처럼 만들어 내는 나라가 중국이다. 우리는 중국인이 만든 가짜 계란, 가짜 식용유, 가짜 위스키, 가짜 와인, 가짜 과자 파동 등을 보도로 통하여 잘 알고 있다. 세계적 인문학자 기 소르망은 『중국 = 거짓말』이라는 책을 발간하여 중국인의 도덕부재의 실상을 소개하여 화제가 되기도 했다.


**도덕은 유가사상의 뼈대다.**

중국은 세 번에 걸쳐 본격적으로 유가사상을 내동댕이쳤던 나라다.

기원전에는 진시황이 원시유학를 땅에 묻었었고, 기원후에는 원나라와 청나라가 신유학인 주자성리학을 폐기 처분했으며, 20세기에 들어와서는 공산주의가 현대유학의 맥을 끊어버렸다. 더구나 중국공산당 홍위병의 문화대혁명 때에는 유학자를 비롯한 지식인은 사람취급도 못 받고 유학 책은 모두 짓밟히고 불태워졌다. 공자의 묘비는 곡괭이로 찍히고 묘역은 폐허가 되었던 것이다. 중국에서 유가사상이 공식적으로 폐기처분 된지 3세기가 넘는 세월이 흘러갔다.

그러나 오늘날의 중국은 대변화를 시작했다. 현재 중국에서는 물질적 성장이 가져올 수 있는 정신적 퇴폐를 막기 위하여 공자의 유가사상을 재건시켜야 한다는 목소리가 커지고 있다. 2008년 8월 8일의 베이징올림픽 개막식에 공자의 제자로 분장한 3천여 명의 등장인물이 모두 죽간을 들고 퍼포먼스를 진행한 것은 중국정부의 이러한 방향을 새롭게 조명한 것이다.

공자의 원시유가사상과 신유학의 성리학은 이미 16세기중반부터 조선이 종주국 역할을 해왔다. 따라서 중국과 일본은 유가사상에 관한 한 한국으로부터 많은 부분 배우지 않으면 안 되는 현실적 제약이 가로막고 있다. 여기에 한국은 중심적인 가교역할을 담당해야 한다. 중국은 대륙(패권)이고 한국은 반도(붓)이고 일본은 섬(칼)이다.


**한국은 역사적으로 '붓'을 들고 살아왔다.**

일본은 '칼'을 들고 노략과 침략을 일삼았고, 중국은 '패권'을 휘둘러 평화를 교란했다. 한국은 끝까지 '붓'을 놓지 않았다. 동아시아 3국이 공유하고 있는 가치관의 정립과 정체성의 확립에 한국은 리더역할을 해야 하는 입장에 처해 있는 것이다.

한국에서는 매년 봄, 가을에 서울 명륜동에 있는 '성균관'에서 석전대제가 열리고 있다. 한국은 삼국시대 이래 지금까지 이 행사를 지속해 오고 있는 것이다.

중국은 유가사상의 폐기와 국가의 공산주의체제를 거치면서 완전히 맥이 끊겼다가 2005년부터 다시 석전대제를 부활시켰다. 그러나 어떻게 제사를 치를지를 몰라 중국정부는 석전대제의 감수를 위해 한국유학자를 초청하였고 한국유학자들이 중국에 가서 석전대제의 전통을 전수해 주고 왔다. 중국의 대표적 철학자 탕이지에(湯一介) 베이징대 교수는 2008년 9월 28일 성균관 석전대제 행사에 참가하였다. 한국의 석전대제를 처음 본 탕교수는 "이렇게 장엄하고 성대한 석전은 처음으로 접했다. 규모나 규범의 측면에서 중국의 석전은 한국을 따라가지 못한다." 라고 놀라움을 토로했다. 그는 이어진 초청강연에서 "문화대혁명시기에 중국의 도덕이 완전히 파괴되었다. 중국은 앞으로 오랜 시간을 들여 도덕관념을 다시 세워야 한다. 특히 관료들, 정치하는 사람들이 최소한의 도덕성을 갖추어야 중국이 세계로브터 평가 받을 수 있다. 한국의 유학은 대단히 앞서 있다. 공자사상에 대한 이해에서 중국학자들은 한국으로부터 많이 배워야 할 것이다." 라고 말했다.

**조선에는 르네상스를 이룬 두 명의 임금이 있었다.**

세종(제4대)과 정조(제22대)다. 이 두 임금의 공통점은 도덕적 열정, 애민정치로 집약할 수 있다. 이 두 임금은 사대부와 양반중심이 아니라 백성을 중심으로 하는 민본정치를 하였다. 두 임금은 무엇보다 도덕적 열정의 소유자였다. 두 임금은 무엇보다 선비정신의 소유자였다. 지도자가 맹목적 열정을 가지는 것은 위험한 일이다. 열정과 선택은 도덕적 뿌리를 가져야 한다. 도덕적 뿌리는 평화를 발전시킬 수 있는 유일한 에너지이기 때문이다.

동아시아 3국에는 도덕적 뿌리에서 탄생한 '조선실천성리학' 정신인 선비사상이 있다. '조선실천성리학' 정신은 동아시아 정신의 핵심이다. 선비사상은 세계평화를 이룰 수 있는 거의 유일한 길이다. 그 길은 선비사상의 최종목적지인 '평천하(平天下)'에 이르게 한다. '평천하'는 〈천하를 평안하게 하고 평등하게 하며 평화롭게 한다〉는 목표의식이다.

평화는 인류의 행복이다.

평화는 정치의 목적지이고 종교의 종착점이다.

평화는 인간의 본능이고 생명현상의 본질이다.

인간은 누구나 자기 안에서 평화를 발견하고 스스로 삶을 통해 실현할 수 있다.

평화는 평화를 연구하고 평화를 인식해서 되는 일이 아니다. 인간 스스로 평화를 체험할 때 오히려 가능하다.

붓은 평화를 갈구한다. 붓은 그 자체가 평화다.

붓은 평화이기 때문에 칼보다 강할 수 있다.

붓은 스스로 무한한 평화의 힘을 체험할 수 있는 유일한 수단이다.

스스로가 평화로워져서 평화의 존재, 그 자체가 되는 것이 붓의 힘이다.

우리는 자신이 가진 평화의 힘에 대한 확신이 있을 때 다른 사람에게도 평화를 전달할 수 있다. 세계평화는 칼의 힘이 아니라 붓의 힘으로 이루어지는 것이다. 이렇게 될 때 붓과 칼의 노래 소리를 들을 수 있다.

한국인과 일본인은 다같이 손에 손을 잡고, 오케스트라의 반주에 리듬을 실으면서, 발과 입을 모아 합창을 할수 있는 새로운 '붓과 칼의 노래'를 불러야 할 것이다.

맺는 말

●●● 1800년 정조대왕 사후 한반도는 변화의 소용돌이 속에서 엄청난 시련과 고난의 세월을 보내었습니다.

한반도의 1800년부터 2100년까지 300년은 서방, 동방의 300년 역사와 관련시켜 볼 수 있습니다.

첫 번째 100년은 동 서방이 부닥치면서 서막을 열었습니다. 서방의 물결이 동방으로 밀려오기 시작했습니다. 가장 먼저 상륙한 것이 서학(西學)이라는 정신적 영향이었습니다.

두 번째 100년은 그 부닥침이 최고봉에 이르렀습니다. 동 서방이 서로 믹스되는 시기였습니다. 특히 물질적 영향은 쓰나미 현상으로 무자비하게 한반도, 일본열도, 중국대륙에 상륙하였고 정신적 영향은 더욱 커졌습니다.

세 번째 100년은 동 서방의 흐름의 방향이 달라질 것으로 생각합니다. 상호 반대흐름으로 변형되어 믹스 될 것으로 생각합니다. 물질적 측면에서는 서세동진의 형세가 동세서진의 형세로 바뀔 것이고, 정신적 측면에서도 서세동진이 아니라 동세서진의 형세가 될 것입니다. 특히 외부적인 부분 보다는 내부적인 부분에서 강력한 정신적 믹스를 통하여 동서는 새로운 화합의 모양새를 갖추어 갈 것이라 생각합니다.


인류의 발전에 부합되는 신정신, 신문화, 신문명은 지구촌에 보편적 가치로 전파될 수 있는 '선비사상'으로 시작될 수 있다고 생각합니다. 지구촌은 글로벌화의 시대에 놓여 있습니다. 지금은 글로벌적 일체성이 강조되고 있는 시대입니다. 그러면서도 각 나라, 각 민족의 개체성과 전통성은 그대로 유지되어야 한다고 생각합니다. '선비사상'의 '법고창신' 정신은 글로벌화와 개별성을 조화시켜줄 수 있습니다.

동아시아의 국가들 특히 한국, 일본, 중국은 그 동안 자국의 성장과 발전에만 관심이 집중되었습니다. 그러다 보니 미국과 서유럽만 바라보고 왔습니다. 그것이 지난 200 여 년 간 동서 믹스의 소용돌이 속에서 정작 바로 이웃들 간에는 상호교류가 부족하게 된 이유가 된 것입니다. 역사적으로는 가장 교류가 밀접했던 이웃끼리 서로 소원한 관계를 만들었던 것입니다.

교류의 본질은 사람과 사람입니다.

사람과 사람의 교류의 본질은 마음과 마음의 교류입니다.

마음과 마음의 교류의 본질은 정신과 정신의 교류입니다.

정신과 정신의 교류의 본질은 사람들 사이의 진정한 신뢰와 믿음의 교류입니다.

이는 물질적 교역에서 찾아볼 수 없는 내부적, 심리적 교류이고, 내면적이고 총체적인 믹스를 가져 올 수 있는 정신적 교류이며 영혼의 교류입니다.

물질적 교역은 서로 분쟁을 일으킬 수 있습니다. 실재로 수많은 분쟁이 가로 놓여 있습니다.

하지만 정신적 교류는 순수한 믿음과 신뢰로 나타나는 것이기에 화이부동(和而不同)할 수 있고 구동존이(求同存異)할 수 있습니다.

지금까지의 동 서방의 믹스는 물질과 물질의 '교역'이었지, 정신과 정신의 '교류'가 아니었던 것입니다. 교류를 하려면 양측이 모두 높은 안목을 가지고, 상호 존중하는 신뢰의 바탕을 쌓아야 하며, 인류문화에 대한 깊은 소양을 갖추어야 합니다. 지구촌의 모든 사람들이 역사와 인문을 바탕으로 화합하고 편견 없는 마음으로 소통이 이루어져야 합니다.

그에 앞서서 우선 동아시아 국가와 국민들은 이웃국가들과 먼저 실질적이고 광범위한 '교류'의 물꼬를 트고 이를 상승적이며 호혜적인 관점에서 심화시켜 나가야 할 것입니다.

특히 이웃사회, 이웃국가의 주류계층 사이의 교류는 전략적 의미와 상징적 파워가 있습니다.

한국과 일본, 한국과 중국, 일본과 한국, 일본과 중국, 중국과 한국, 중국과 일본의 교류가 바로 그러한 의미를 갖고 있는 것입니다.

동아시아 3국은 서로 잘 아는 것 같고 여러 계층간 교류도 많은 듯하지만, 대부분의 교류는 형식적인 수준을 넘지 못하고 있습니다. 서로 잘 알고 있다는 착시현상에서 하루빨리 벗어나야 할 것입니다. 필자는 같은 세대 사람들의 교류를 강화할 필요가 있다고 생각합니다. 특히 미래를 담당할 10대부터 20대와 30대에 이르는 젊은 세대 사람들의 교류가 필수적이라고 생각합니다.

예를 들면 '동아시아 3국 연합'을 상징하는 교육 프로그램을 운영하는 것도 좋은 방법이 될 수 있지 않을까 생각합니다. 이 교육 프로그램은 '인성교육'과 '역사교육' 프로그램부터 시작하는 것이 순서일 것 같습니다. 서울대학교, 도쿄대학교, 베이징대학교 등이 인성교육, 역사교육 공동프로그램을 운영하여 상호 학점을 인정하는 제도가 마련되면 젊은 학생들이 수시로 서울에서 도쿄에서 베이징에서 공부할 수 있는 환경이 조성되지 않겠습니까?

'동아시아 공동체'는 이러한 정신적이고, 실질적인 교육제도를 통하여 실현되어 갈 수 있게 대학교육에서부터 저변을 넓혀갈 수 있을 것입니다. 한국, 일본, 중국은 교육차원의 교류기구를 조직해 동 서방의 문제, 동아시아의 문제, 아세아 태평양 지역의 철학, 역사, 문학, 정치, 경제, 문화 등의 제반 과제를 가지고 상호교류를 시작할 수 있을 것입니다.

서방의 공동체인 유럽연합(EU)은 유럽연맹이 그 바탕이 되었고 유럽연맹의 발단은 1956년에 만들어진 '석탄철강공동체'라는 '공동연구'에서 시작되었습니다. 비록 물질적 대상을 연구하는 공동체 이긴 하지만 '공동연구'라는 정신적 '교류'를 시작한 것입니다. 이는 '교역'이 이루어지기 전에 '교류'를 먼저 시작한 협력정신의 산물이었습니다.

　'인성교육' 과 '역사교육'에서 시작되는 '공동연구'를 성공시키기 위해 한국, 일본, 중국의 동아시아 3국은 지구촌 대체에너지인 '녹색에너지' 차원의 물질을 대상으로 하는 '공동연구'를 시작할 수 있다고 생각합니다.

　'녹색성장'을 한국정부가 주도적으로 내세웠을 때 서울에서 열린 G20에 참가한 지구촌 정상들은 모두 박수를 보냈습니다. 이제 지구촌에서 화석에너지의 시대는 끝이 보이기 시작합니다. 더구나 한국, 일본, 중국은 화석자원이 부족합니다. 친환경에너지 분야인 풍력, 조력, 수력, 지열, 태양광, 태양열, 연료전지, 수소에너지, 바이오 에너지, 재생에너지, 폐기물에너지 등 '신 에너지' 분야에서 전략적 합작연구를 3국이 시작할 수 있을 것입니다.

　동아시아 3국이 '신 에너지'를 발전시킨다면 화석에너지문제의 해결뿐 아니라 동아시아 지역의 육지와 해양의 생태환경 개선에 많은 기여를 할 수 있을 것입니다.

　나아가서 디지털미디어 분야의 콘텐트 산업자원을 공동 개발하는 것도 하나의 시작이 될 수 있습니다. 한국, 일본, 중국은 이 분야의 무궁무진한 소스를 보유하고 있습니다. 사회문화가 서로 비슷한 동아시아 3국의 고령화, 저 출산 문제 등에 관한 공동프로그램을 시작할 수도 있을 것입니다.

　그 동안 동아시아 3국은 본연의 세계관에 대해 사고해볼 겨를이 없었습니다. 서구와의 물질적, 정신적 믹스 시대였던 지난 200여 년의 모든 관심은 서구적 성장과 서구적 소유에 집중되어 왔다고 생각합니다. 정신적 내면적 문제는 생각해볼 겨를이 없었습니다. 마음과 마음을 연결하는 문제는 아무도 생각하지 못했습니다.

동아시아 3국은 같은 마음과 같은 느낌을 가지고 있는 분야가 많습니다. 이런 마음과 이런 느낌이 실질적인 교류로 이어질 수 있도록 노력해야 할 것입니다. 동아시아 3국 본연의 '인의예지' 사상으로 돌아가서 개인인격 수양을 하고 '효충경신' 사상으로 돌아가서 조직인격 함양을 기하면 강력한 글로벌 파워를 창조할 수 있을 것입니다.

그러려면 동아시아 3국이 공유하고 있는 '평천하'의 개념이 무엇인지 정확하고 분명하게 알아야 한다고 생각합니다. '평천하'는 결코 총칼로 천하를 평정하는 개념이 아닙니다. '평천하'는 선비사상의 핵심개념으로 인간사회를 '평안하고 평등하며 평화롭게' 하려는 목적의식의 최고가치입니다.

먼저 개인인격의 독립인 '수신'이 무엇인지 알아야 합니다. 수신의 뿌리 역할을 하는 '격물', '치지', '성의', '정심'을 끝까지 궁구하고 학습해야 합니다. 개인의 인격완성은 조직인격완성의 전제조건입니다.

그 다음 '제가'가 무엇인지 알아야 합니다. 배려하고, 섬기고, 나누고, 베푸는 사회는 내 이웃부터 시작하고, 내가 살고 있는 내 고장, 내 동네부터 시작해야 합니다.

그 다음 '치국'이 무엇인지 알아야 합니다. 지구촌이 국가로 구분 짓고 있는 한 국가단위의 평안, 평등, 평화는 선결요건입니다.

마지막으로 '평천하'가 무엇인지 철저하게 학습하고 체득하여 인류사회가 편견 없이 아름답고 빛나는 사회가 될 수 있다는 신념을 분명하게 인식해야 할 것입니다.

'평천하'는 지리적인 개념이 아니라 인류적인 개념입니다.

'널리 이롭게 하라'는 홍익인간철학의 높은 사상이 현실세계에서 실행될 수 있게 하는 실천방법입니다.

'평천하'를 지구촌에 구현하려는 '선비사상'이 바로 공동체의 인프라이고 동아시아를 아우를 수 있는 정신적 잠재 에너지입니다. 이런 정신적 잠재 에너지를 끄집어 내기 위해 우선 한국과 일본은 마음과 마음을 합하고, 손에 손을 잡고, 공동보조를 취해야 합니다.

한국과 일본이 먼저 도덕사상과 평화사상으로 단결해야 합니다. 두 나라는 '선비정신'과 '사무라이 정신'이라는 공통분모를 오버랩 시켜가야 할 것입니다. 그것은 곧 두 나라가 미래지향적으로 공동선을 창조하는 출발점이 될 수 있습니다. 조선후기와 에도막부가 260년 간 향유했던 평화시대를 재현하여 다음 세기 지구촌의 모범이 되어야 할 것입니다.

붓과 칼은 다시 한 몸이 되어야 합니다. 선비와 사무라이는 다시 합심해야 합니다.

그리하여 2100년경에는 300년 시련과 고난의 역사를 마감하고, 새롭게 시작하는 '동아시아 공동체'의 창조적 열매를 풍요롭게 수확할 수 있게 되리라 기대합니다.

감사합니다.

김진수 올림

강주진: 이조 당쟁사 연구 (서울대출판부 1971)

강효석: 조선왕조 오백년의 선비사상 상중하 (화산문화 1997)

고승제: 한국사회경제사론 (일지사 1988)

구태훈: 일본 무사도 (태학사 2005)

국제문화재단: 한국의 선비문화 (시사영어사 1982)

권인호: 조선중기 사림파의 사회정치사상 (한길사 1995)

금장태: 한국의 선비와 선비정신 (서울대출판부 2000)

김명교: 이순신 불멸의 리더십 (은금나라 2004)

김병걸: 이조 인사행정에 관할 고찰 (경북대논문집 1965)

김용걸: 이익사상의 구조와 사회개혁론 (서울대출판부 2004)

김용덕: 일본근대사를 보는 눈 (지식산업사 1991)

김용덕: 조선후기 사상사연구 (을유문화사 1997)

김용옥: 혜강 최한기와 유교 (통나무 2004)

김운태: 조선왕조 행정사 (박영사 1981)

김유혁: 이퇴계의 인간상 (청탑서림 1992)

김정설: 풍류정신 (영남대학교 출판부 2009)

김종식: 근대일본청년상의 구축 (선인 2007)

김현구: 임나일본부연구 (일조각 1993)

김찬순 역: 강항 저 간양록 (보리 2006)

김한봉: 선비정신 (신아출판사 1998)

김한식: 실학의 정치사상 (일지사 1979)

김형효 외: 원효의 사상과 그 현대적 의미 (한국정신문화연구원 1994)

김호일; 한국의 향교 (대원사 2000)

민두기: 조선근대 개혁운동의 연구 (일조각 1985)

박경희: 연표와 사진으로 보는 일본사 (일빛 1998)

박광용: 영조와 정조의 나라 (푸른역사 2000)

박석순: 일본고대국가의 왕권과 외교 (경인문화사 2003)

박진우: 일본 근현대사 (좋은날 1999)

박태원: 원효와 의상의 통합사상 (울산대출판부 2004)

변태섭: 한국사통론 (삼영사 1996)

손인수: 율곡사상의 교육이념 (문음사 1997)

씨알기획편: 니토베 이나조 저 무사도 (청어람 2005)

신명호: 조선의 공신들 (가람기획 2003)

신복룡: 한국정치사 (박영사 1992)

심기재: 역사적 흐름으로 읽는 일본의 과거와 현재 (단국대학교출판부 2009)

이규태: 선비의 의식구조 (신원문화사 1996)

이덕일: 살아있는 한국사 (휴머니스트 2003)

이덕일: 당쟁으로 보는 조선역사 (석필 2004)

이성무역: 경국대전 (동방미디어 1990)

이영춘 외: 조선의 청백리 (가람기획 2003)

이원호: 조선시대 교육의 연구 (문음사 2002)

이을호: 다산학과 목민심서 (예문서원 2000)

이이화: 조선후기 정치사상과 사회변동 (한길사 1994)

이이화: 인물한국사 (한길사 1988)

이익성역: 경세유포1 (한길사 1997)

이장희: 조선시대 선비연구 (박영사 1989)

이종욱: 화랑세기로 본 신라인 이야기 (김영사 2000)

이종호: 율곡 인간과 사상 (지식산업사 1994)

이현희: 조선왕조 양반관료시대의 독서당고 (성신여대 인문과학연구소 1972)

이훈섭: 한국전통경영론 (탑21북스 2004)

일본사학회: 아틀라스 일본사 (사계절출판사 2011)

임종원: 후쿠자와 유키치의 문명사상연구 (계명 2000)

장동희: 정도전의 행정사상 (일지사 1986)

장재천: 조선조 성균관교육과 유생문화 (아세아문화사 2000)

전경일: 세종의 코드를 읽어라 (한국경제신문 2003)

정옥자: 정조의 문예사상과 규장각 (효형 2001)

정옥자: 우리선비 (현암사 2002)

조남국: 한국사상과 인간존중 (교육과학사 1999)

조맹기: 조선시대 언관구조에 관한 연구 (한국정신문화연구원 1995)

하현강: 한국중세사론 (신구문화사 1989)

한상일: 일본의 국가주의 (까치글방 1988)

한영우: 정도전 사상의 연구 (서울대출판부 1983)

한영우: 왕조의 설계사 정도전 (지식산업사 1999)

한우근: 성호 이익연구 (서울대출판부 1983)

한상윤: 조선 유학사 (현음사 1982)

함경옥: 선비문화 (한줄기 1997)

황의동: 율곡사상의 체계적 이해 (서광사 1998)


나라모토 다쓰야, 가와사키 쓰네유키: 김현숙, 박경희 옮김: 일본문화사 (혜안 1994)

나카노 코지: 세이힌 노 시소 (소소샤 1992)

다나카 아키라: 요시다 쇼인 (쥬오고론신사 2001)

다카하시 요시오: 미토가꾸 (고분샤 1916)

수지 도쿠베 역: 니토베 이나조 저 무사도 (코단샤 인터내셔널 2006)

아사히 신분샤: 미루, 요무, 와카루 니혼노 렉시 (아사히 신문사 1993)

아미노 요시히코: 박훈 옮김: 일본이란 무엇인가 (창작과 비평사 2003)

야마오카 소하치: 도쿠가와 이에야스 (고단샤 1974)

오시타 에이지: 후쿠자와 유키치 (케이자이카이 1991)

오타 헤이사부로: 후지와라 세이카 슈 (고꾸민세이신분카겐큐쇼 1938